最低限これだけ！新社会人のマナーと常識

戸小台 沙智

ビジネス教育出版社

はじめに

★「マナー」に初めてふれる皆さんへ

　この本は、社会人の基本となるマナーを習得するための本です。特に、今年初めて社会人になる方や、マナーを教える係になった方、転職で職場が変わり一般的なマナーを再確認する必要がある方等にお役に立てる内容となっています。

★「マナー」を覚えると良いことがある

　皆さんはマナーに対してどんなイメージを持っているでしょうか？「難しいもの」、「堅苦しいもの」、「面倒なもの」等、ネガティブなイメージを持っている方はいらっしゃいませんでしょうか？ 確かにマナーをルールとしてとらえてしまうとそう思ってしまうのも無理はありません。ですが、マナーには相手に対する配慮も含まれているため、人間関係を円滑にする効果があります。ビジネスシーンにおいて何かを選び、また決断をするのは人です。配慮の利く人と利かない人がいた場合、配慮の利かない人をわざわざ選ぶ人はいないでしょう。マナーは覚えてしまえば、人に選ばれるための武器になります。

★「マナー」を覚えて黒字化社員

　最近は職場環境を良くすることで生産性をあげようとする会社が増えてきています。また、暗くコミュニケーションの少ない職場よりも、明るくコミュニケーションがとれている

職場の方が生産性が高まるということも様々な研究によって明らかにされています。

　会社は人を一人採用するのに、100万円から300万円のコストをかけているといわれていますが、入社してすぐにこのコストを直接回収することは難しいでしょう。そこで、マナーの出番です。マナーのできる人は配慮の利く人といえます。明るくコミュニケーションをとるためにも相手に対する配慮は欠かせません。いち早くマナーを実践できるようになり、間接的に会社の利益に貢献しましょう。

Contents

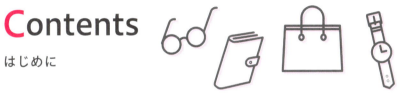

はじめに

1　社会人としてのたしなみ

■ 印象の5割が見た目で決まる ……………………………… 2
■ ビジネス上で好ましい服装・髪型 ………………………… 5
男性のファッション（女性編は10ページ〜） ……………… 5
顔周り ………………………………………………………… 6
ビジネスカバンとその中身 ………………………………… 8
女性のファッション　スーツ編 …………………………… 10
女性のファッション　オフィスカジュアル編 …………… 11
顔周り ………………………………………………………… 12
服装についての着眼点 ……………………………………… 14
□コラム：入社したら確認して欲しいこと ……………… 15

2　社会人の超基本

■ 出社時と退社時 …………………………………………… 18
出社するときは ……………………………………………… 18
退社するときは ……………………………………………… 19
残業や手伝いを頼まれた場合 ……………………………… 20
■ 遅刻・欠勤・早退 ………………………………………… 22

v

遅刻 22

欠勤 24

早退 25

▌報告・連絡・相談 26

報告 26

連絡 28

相談 30

▌仕事の頼まれ方 34

印象の良い仕事の頼まれ方 34

▌会議に参加する 38

会議に参加しているとき 40

▢コラム：ビジネスではスキルの高い人の真似をしよう！ 41

▢コラム：質問前の事前準備等 42

3 敬語の基本

▌敬語の基本 46

よく使われる敬語表現 49

▌間違いやすい敬語 50

！尊敬語と謙譲語 50

！誤った言葉遣い 51

！目上の人にNGな言葉遣い 52

！二重敬語 52

！社内の人について社外の人に言うとき 53

！社外で社内の人を呼ぶときは呼び捨てにする ... 53

▌リモート会議の基本 55

リモート会議のマナー 56

リモート会議で注意したいこと 59

4 ビジネス会話の基本

■ビジネスシーンでNGな言葉遣い ……… 62
相槌 ……………………………………………… 62
否定・拒否 ……………………………………… 63
若者言葉 ………………………………………… 64
その他の注意したい言葉遣い ………………… 66
知っておきたいビジネス用語 ………………… 67

■ビジネス会話の基本事項 ……………… 75
押さえておきたい基本事項 …………………… 75

■ビジネス会話の基本テクニック ……… 77
「結論」「主題」を先に述べる ………………… 77
起承転結はNG!? ………………………………… 78
時間や数字を具体的に伝える ………………… 79

■ビジネス会話で使える小ワザ集 ……… 81
センテンスは短く表現する …………………… 81
曖昧な表現を避ける …………………………… 82
主語と述語を近づける ………………………… 83

■その他、会話等で使えるフレームワーク … 84
PREP法 …………………………………………… 84
SDS法 …………………………………………… 85
5W3H …………………………………………… 86
DESK法 ………………………………………… 87
AREAの法則 …………………………………… 88
OPQ分析 ………………………………………… 89
SMARTの法則 ………………………………… 90

■ビジネス会話の注意点 ………………… 92
注意したい言葉（曖昧な表現）……………… 92

vii

- ビジネスシーンでの表現例 ……………………………… 94
- テキストコミュニケーション力が求められる時代 …… 95
「宛て先」 ………………………………………………… 95
「件名」 …………………………………………………… 96
「本文」 …………………………………………………… 97
よく使えるフレーズ ……………………………………… 98

5 来客応対・訪問の基本

- 応接室・会議室の席次マナー …………………………… 102
会議室の席次 ……………………………………………… 103
乗りものの席次 …………………………………………… 104
応接室の席次 ……………………………………………… 104
- 階段・エスカレーターのマナー ………………………… 105
階段 ………………………………………………………… 105
エレベーター ……………………………………………… 107
- 訪問前の準備 ……………………………………………… 109
訪問先について調べる …………………………………… 109
自分の会社について調べる ……………………………… 110
訪問先に着いたら ………………………………………… 111
受付に着いたら …………………………………………… 111
- 面談のマナー ……………………………………………… 112
面談の流れ ………………………………………………… 112
- 名刺交換のマナー ………………………………………… 117
会社に戻ったら …………………………………………… 120
受け取った名刺の保管方法 ……………………………… 121

6 ビジネス電話力を身につける

■ あなたの電話対応は、あなたの会社の第一印象 ……………… 124
電話応対の特徴 ……………………………………………………… 124
電話をかける手順 …………………………………………………… 125
かけた側が先に電話を切ろう ……………………………………… 127
電話を受けるとき …………………………………………………… 129
担当者がいないとき ………………………………………………… 132
■ クレーム対応 ……………………………………………………… 136
クレーム対応の基本 ………………………………………………… 136
クレーム対応のときの心構え ……………………………………… 136

7 社会人としてのコンプライアンスとITリテラシー

■ 人生を台無しにしないために …………………………………… 142
コンプライアンスとは ……………………………………………… 143
新入社員の皆様が注意したいコンプライアンス違反　⑧選 ……… 144
ケース1 ……………………………………………………………… 147
ケース2 ……………………………………………………………… 148
ケース3 ……………………………………………………………… 148
ケース4 ……………………………………………………………… 149
ケース5 ……………………………………………………………… 152
社会人に求められるITリテラシー ……………………………… 155
■ 今日からできる情報セキュリティ脅威と対策 ………………… 158

1

社会人としての
たしなみ

印象の5割が見た目で決まる

　プリンストン大学教授のアレクサンダー・トドロフ氏は、外見が他人に与える印象について研究している第一人者です。特に "First Impressions: Making Up Your Mind After a 100-Ms Exposure to a Face" という論文が有名で、数々の論文に引用されています。

　さて、そんなトドロフ氏がBMWによるファースト・インプレッションの重要性についてインタビューを受けた記事を一部引用紹介しながら、なぜ社会人1年目の皆様がこれから述べる見た目について気を付けなければならないかを示唆いたします。

　ではまずは次のインタビューを読んでみてください。

インタビューアー
　「初めて会った人の第一印象が形成されるのに、どれくらいの時間がかかりますか？」
トドロフ
　「文字通り、一目見ただけで人の印象が決まります。顔を見た時間が0.1秒に満たなくとも、判断するのに十分な情報が得られます。以下略」
インタビューアー
　「良い第一印象を与えるためのアドバイスはあります

か？」

トドロフ

　「すべての状況には明示的、または暗黙的なルールがあります。自分のことを知られる前に、これらのルールに反することは避けたいものです。ビジネスの場でも、それぞれに異なるルールがあるでしょう。フォーマルな会社なら、スーツとネクタイを常に着用することが求められるかもしれません。しかしIT系のベンチャー企業などで働いているとしたら、もっとカジュアルです。これらはすべて暗黙のルールなので、下調べをして何が求められるのかを知っておく必要があります。自分が置かれている状況に合わせて、期待に応えることが大切なのです」

　このインタビューをもっと詳しく読みたい方は、こちらのサイトをご覧ください。

　https://www.bmw.com/ja/innovation/how-to-make-good-first-impression.html

　「グレーや黒のスーツに、黒髪＆ネクタイ？　今の時代は令和だよ？」と、年上の先輩や上司に対して、漠然とした違和感を覚える方は多いのではないでしょうか？　もちろん、こうした価値観を企業風土に取り込み、自由な服装で勤めることができる会社が増えているのは事実です。しかし、そのような会社のお取引先が、同じ価値観のもと営業しているかと言えば決してそうではないでしょう。

第1章　社会人としてのたしなみ

　マナーを一言で表すと「相手の価値観を慮ること」です。そして人は、自分のことを大切にしてくれる人に好感を持ちます。相手からの好感が高ければ、商談もスムーズに進むというもの。マナーを身に付けるということは、仕事にも良い影響を及ぼすことになります。

　皆さんはこれから、様々な会社や人を相手にビジネスを繰り広げることになります。そしてその中には、昔からの風習や伝統を大切にしている人が大勢います。マナーを身に付け実践できるということは、それだけで相手を思いやったビジネスができているということになるため、競合他社に一歩も二歩も差を付けることになります。

　マナーや常識を「くだらないな」と軽んじるのではなく、上手に活用し、充実した社会人生活を送りましょう。

■ ビジネス上で好ましい服装・髪型

男性のファッション（女性編は10ページ〜）

ネクタイ

柄はシンプルがオススメ。無地やストライプなどです。ただし黒一色にしてしまうとお葬式のようになってしまうので、NG。曲がったりゆるんだりしないようにしっかり結びましょう。

スーツ

黒・濃紺・グレー系で無地がオススメ。体系に合ったスーツを選びましょう。ボタンの留め方にも注意を。1つボタン・2つボタンともに一番下のボタンは外すのがアンボタンマナー。全体的にシワがないか確認します。

靴

黒色か茶色の革製品がオススメ。どちらも毎日履き替えて綺麗な状態を維持できると◎ 3足程度そろえておきましょう。

ワイシャツ・インナー

白色の無地がオススメ。インナーに色があると透けてしまうので、白色にしましょう。腕をおろした状態で、スーツのジャケットの袖口よりワイシャツが1.5cm前後出る長さがスマートです。

ベルト

黒色か茶色の革製品がオススメ。派手なものは避けましょう。

靴下

スーツと同系色、もしくはスーツより控えめな色を選びましょう。訪問先で靴を脱ぐ場合もあるため、指先が薄くなっているものはNGです。また匂いが残りやすい衣類でもあります。毎日しっかりと洗濯し、二日以上連続で履かないようにしましょう。

顔周り

ヘアスタイル

　入社する会社によって基準が大きく変わりますが、新社会人の**6人に1人が髪型で注意された**経験があるというアンケート結果（株式会社PERCUT実施）がでています。入社前にどんな髪型が好ましいのか先輩をみて情報収集しておくとよいでしょう。特に**前髪が長すぎるとチャラチャラした印象**を与えてしまいますので、スッキリさせておきます。**目にかかる前髪は長すぎる**ので切りましょう。

　薄毛の人は特に注意しましょう。髪の毛が伸びてくると、頭皮が悪目立ちし、ダラしなく、不潔な印象を与えてしまうことがあります。

まゆ毛

　左右のまゆ毛が繋がらないように、また、まぶたの上に毛

が生えないようまゆ毛カッターやカミソリを使って整えておくと良いでしょう。有料ですが、理容室で整えてくれるところがあります。

鼻毛

　ビジネスシーンでは座っている人と話したり、自分より背の低い方とお話しする機会も増えます。下から見上げられたときに鼻毛が長いと悪目立ちしてしまいますので、鏡をみて鼻毛が出ていないかチェックしましょう。

ひげ

　ひげはしっかりと剃った方が好印象です。マスクをする機会が増えましたが、油断せずに剃りましょう。飲み物を飲んだり食事をしたりするシーンでも清潔感は重要です。口臭にも気を配りましょう。

🔍 夏に気をつけること！

　夏は、出勤中はもちろん、通勤中にも汗をかいてしまうことがあります。体臭には自分では気がつきにくいものです。

シャツの脇下が黄ばんでしまったり、汗だらけになってしまうことがあります。肌の調子にあわせて制汗スプレーを使ったり、タオルでこまめに汗をふいたりしましょう。

ビジネスカバンとその中身

通勤や外回りで常に行動を共にすることになるのがビジネスバッグです。最近では機能性に優れたリュックサックタイプやノートパソコンを独立して収納できるモデルなどもあります。

選ぶポイントはそのカバンに何を入れるのかを想像して、それらが十分に入るかどうかです。特にノートパソコンを持ち歩く必要があるのか否かは、サイズ選びの大きな基準になります。

★ カバンの中身と選び方

名刺入れ

シンプルで高級感のある革の名刺入れがおすすめです。持ち運びに便利で、社会人としての品格を示せます。

財布

スリムな革財布がおすすめです。コンパクトで使いやすく、上品な印象を与えるものを選ぶと良いでしょう。カードやポイントカード、レシートなどがはみ出さないように財布の中身はまめに整理した方がよいでしょう。

手帳

　スケジュール管理やノートに使えるものがおすすめです。サイズやカラーは個人の好みで選びましょう。

ハンカチ

　薄手で柄のシンプルな綿ハンカチがおすすめです。色は白や淡色系が好ましいです。

スマートフォン・タブレット

　私用のスマートフォンのほか、会社から支給されるスマートフォンや携帯電話を入れるケースも考えられます。

その他会社の資料や商材

　会社の資料やパンフレットその他実際の商材を持ち運ぶケースも考えられます。

女性のファッション　スーツ編

スーツ
単色でシンプルなものがオススメ。サイズを測って、身体にあうものを選びましょう。テーラードジャケットとスカートは定番です。スカートは座ったときに膝が隠れる長さにしましょう。スリットの入ったものや、下着のラインがわかってしまうものはNG。

ネイル
長い付け爪や派手なネイルアートはNG。ピンクがベージュのワンカラーがオススメ。ネイルはしなくとも、爪は短めに切り、清潔にしておきましょう。

靴
黒・ベージュなどで、大きな装飾のないシンプルなパンプスがオススメ。ヒールをはくときは、ピンヒールやハイヒールはNG。動きにくいだけでなく、歩く場所によってはヒールのコツコツという音が響いて、悪目立ちしてしまいます。3〜5cmのヒールがオススメ。

アクセサリー・ピアス
イヤリングは入社する会社によって基準が大きく変わります。入社前に先輩や上司を見て情報収集しておきましょう。つけるのであれば小さめで、揺れないタイプのものが無難です。

シャツ・ブラウス
白無地などシンプルなものがオススメ。ただし透けやすいブラウスもあるのでインナーにも気を配りましょう。定期的にチェックして洗濯しても落ちない汚れがついたときはクリーニングに出すか、買い替えましょう。

ストッキング
柄入り・カラーストッキング・生足はNG。サイズのあった薄いベージュタイプを選び、伝線していないか、全身鏡などで確認しましょう。サイズのあっていないストッキングは足首にしわができてしまうのでNG。

女性のファッション　オフィスカジュアル編

アクセサリー

ワンポイントで派手すぎないものを。ファッション指輪、ブレスレットなどは控えて、小ぶりのネックレスやピアスにとどめましょう。電話対応のときに邪魔になるので、揺れる飾りがついたピアスやイヤリングはNG。

シャツ・ブラウス

無地でシンプルなものがオススメ。フリルたっぷりのものや華美な装飾がついているものは避けましょう。かしこまった場にでるときは、ジャケットを羽織りましょう。

スカート

スカート丈は、座ったときに膝が隠れる長さがオススメ。ただし、くるぶしが完全に隠れるくらい長すぎるロングスカートは階段移動やエスカレーター移動がしにくいので避けたほうが無難。透けやすい素材のものや派手な飾りがついたもの、身体のラインがくっきりわかるものはNG。スカートでなくパンツでも構いませんが、デスクワークが長い場合は、座りじわができやすい素材のものは避けましょう。

靴下

スカートにパンプスの場合、原則はストッキングです。パンツの場合も同様ですが、靴下を履く場合はパンプスに隠れて見えないものや、着衣より目立たない色を選びましょう。

靴

つま先の見えるサンダル・ブーツ・スニーカーなどは避けましょう。パンプスか、ローヒール・ミドルヒールがオススメ。

顔周り

ヘアスタイル

　入社する会社によって基準が大きく変わりますが、新社会人の**6人に1人が髪型で注意された経験がある**というアンケート結果（株式会社PERCUT実施）がでています。入社前にどんな髪型が好ましいのか先輩をみて情報収集しておくとよいでしょう。**お辞儀をするときに、髪が顔にかからないように、ピンやゴムで髪をとめておきましょう。華美なヘアセットはNG**。

肌

　ファンデーションは自分の肌色にあったものを。ノーファンデでも問題ありませんが、下地はきちんと塗りましょう。すっぴんはNG。女性でも口周りにひげが生える人は多いの

で、確認しておきましょう。

まゆ

まゆは自然な太さであれば、カジュアル寄りでOK。マスクをつける機会が増えたので、目元のメイクには気を配りましょう。デパートの中にあるコスメショップ等でアドバイスを求めると、自然に見えるメイクの仕方を教えてもらえます。

目

淡い色合いのアイシャドウがオススメ。派手なラメ入りのものは控えましょう。マスカラ・マツエクの盛りすぎはNG。黒・茶以外のカラーコンタクトはやめましょう。

くちびる

定番のピンクベージュ系がオススメ。濃すぎるレッド・ブルー系などは控えましょう。

香水・匂いつきクリーム

香りの好みは人それぞれです。つけないのが基本ですが、つけるときは量は少なめにしましょう。

夏に気をつけること！

　夏は、出勤中はもちろん、通勤中にも汗をかいてしまうことがあります。体臭には自分では気がつきにくいものです。脇や足など、自分ではわかりにくい箇所は要注意。肌の調子にあわせて制汗スプレーを使ったり、タオルでこまめに汗をふいたりしましょう。

服装についての着眼点

　服装はたとえ制服であっても、個人の価値観により着こなしが変わってしまうことがあります。「ここまでなら大丈夫だろう」と独自の解釈で小さな変化を重ねてしまうことが原因の一つに挙げられます。定期的に正しい着用方法になっているか、また着こなしのルールがなかったとしても、会社の風土に合っているかを定期的に先輩や上司に確認しましょう。

入社したら確認して欲しいこと

・会社の理念や指針

　会社の理念や指針は、その会社の目指すべき姿です。これからその会社で勤めるにあたり、自分自身の行動がどうあるべきか検討することにつながります。

・会社のルール

　皆さんは雇用契約書や就業規則をちゃんと確認したことがありますか？　入社したらぜひこれらの確認をしてほしいと思います。特に就業規則はその会社で働くためのルールが掲載されています。

・緊急連絡先

　遅刻や欠勤をする際の連絡先や、休日や夜間等の緊急時の連絡先も確認しておきましょう。直属の上司に一任しているところもあると思いますが、その場合、上司が休暇中の場合の連絡はどうすればいいか確認しておくことが必要です。

・挨拶のマナー

　入社したら感じの良い挨拶をしている人をいち早く確認しましょう。声のかけ方やトーン、タイミング等、マネできることがあったら積極的に取り入れてみてください。

・座席とメンバーの名前

　一緒に働く人の名前は入社したらすぐに覚えてしまいましょう。ですが、一度にすべて覚えきることは難しいものです。そこで座席表を作成し、その席に誰が座っているのか、座っている人の名前を書き込んで必要な時にその都度見返せるようにしておきます。間違いも防ぐことができるので人望も集まります。

2

社会人の超基本

出社時と退社時

出社するときは

★ 出社のあいさつは「自分」から

まず出社したら自分から「おはようございます」とはきはきと明るく挨拶をします。「当たり前」のことだと思うかもしれませんが、この「当たり前」をきちんとできることが社会人の基本をおさえるポイントです。目下から目上へあいさつをすることで相手へ好印象を与えます。また、見ている周囲の方々からも良い印象を持ってもらえます。

あ	かるく
い	つでも
さ	きに
つ	づけて

★ 始業前のかかせない準備

始業5分前には席に着き、パソコンを立ち上げ、本日のスケジュールを確認します。始業時間になったらすぐに仕事ができるように準備をしておきます。

始業前のチェックポイント
□ **トイレ・身だしなみのチェック**はすませておく。
□ スマホ等業務に使用しない**私物はカバンにしまう**。
□ **パソコンを立ち上げる**。
□ **今日のスケジュール・ToDoリストを確認**する。

退社するときは

★ 一日の業務内容を上司へ報告

業務日報の提出、業務進捗管理データの更新など、会社で定められているルールに則って一日の業務内容を上司へ報告します。

★ 明日のToDoリストを作成

一日の業務を振り返って、やるべきことをリスト化しておくと、翌日以降の業務がスムーズに進みます。上司や先輩に言われたことや頼まれた仕事を忘れないようにしましょう。

★ 残業している人に手伝いを申し出る

定時の30分前になっても帰る準備をしていない人や忙しそうな人がいたら「なにかお手伝いできることはありませんか」と声をかけましょう。もし自分に予定があって手伝うこ

とができない場合、電話しているときや会議中のときには無理して声をかける必要はありません。また、手伝うことになっても、残業をしていいかは自分の上司へ確認する必要があります。上司は部下の労働時間を管理しています。勝手な残業はしてはなりません。

残業や手伝いを頼まれた場合

　会社は法の範囲内で、あなたに残業を命じることができます。しかし自分に予定があって残業や手伝いができない場合は「本日は○○の予定があり、残業（お手伝い）ができず、大変申し訳ありません。」と申し伝えましょう。予定の内容は言いにくいもの（飲み会など）であれば言わなくて構いません。ただし、会社には繁忙期などチーム一丸となって乗り越えなければいけない時期があります。「翌日朝早くきて業務を手伝う」「いつなら残業できる（手伝える）か伝える」など、協力する姿勢を見せましょう。

★ **デスク周りの整頓**

取引先や個人のお客様の情報が書かれている資料や請求書・領収書といった重要な書類は、デスクの上に出したままにせず、必ずしまっておきましょう。重要書類の場合、保管場所が別に定められていることがあります。その場合は会社のルールに従い、個人のデスクに保管することは避けましょう。**重要書類かどうかは、上司や先輩に確認**します。

業務に関係のない私物に関しては、デスクの上にできるだけ置かないようにし、整理整頓を常に心がけましょう。

▍遅刻・欠勤・早退

遅刻・欠勤・早退の連絡はSNSやチャットアプリではなく、原則電話で連絡します。ただし会社や上司の指示や許可がある場合は指定のSNSやチャットアプリを使いましょう。会社によっては変形労働時間制やフレックスタイム制など、働く時間を柔軟にすることができる制度を採用しているところもあります。**自分の働く時間がどうなっているのかしっかり確認しておきましょう。**

遅刻

時間に余裕をもった出勤が心の余裕を生みます。しかし、公共交通機関が遅れたり、やむを得ない事情があったり、遅刻してしまうことはあります。そのときは、きちんと職場に電話で連絡をしましょう。

- 連絡は早ければ早いほどいいです。遅くとも始業10分前には連絡しましょう。
- 遅刻するか、ぎりぎり間に合うか、わからないときも連絡しましょう。
- 遅刻してしまったときには「申し訳ありません」と謝罪したうえで、席に着きましょう。ミーティングが始まっているなどで謝罪がしにくい場面では、頭を下げてから席に着きましょう。
- 遅刻の理由は簡潔に述べましょう（公共交通機関が止まっていた、体調が悪かったなど）

- 無断で遅刻する。
- 始業時間が始まった後で遅刻の連絡をする。
- 遅刻したのに謝罪をしない。
- 何度も遅刻を繰り返す。
- しつこく言い訳する。

欠勤

どんなに体調管理に気を配っていても、体調を崩してしまうときはあります。そんなときは責任を持って会社・上司へ直接連絡をし、身体の具合を伝えましょう。緊急入院などの非常事態には自分ではなく家族・知人に連絡してもらいましょう。

- 連絡は早ければ早いほどいいです。遅くとも始業10分前には連絡しましょう。しかしやむを得ない事情がある場合は始業後になってしまっても構いません。必ず連絡をしましょう。
- 事前に家族・知人に仕事の連絡先を伝えておきましょう。緊急時に役立ちます。
- 事前に病気休暇制度など会社の規程を確認しておきましょう。制度の利用のためには病院の診断書・領収書が求められる場合があるので、併せて確認しておきましょう。
- 欠勤後に出社する際は、業務を代わりにしてくれた人がいれば謝罪とお礼を伝えましょう。

- 無断で欠勤する。
- FAXやメールのみで欠勤する。
- 理由のない欠勤を繰り返す。
- 業務を肩代わりしてくれた人に謝罪とお礼を伝えない。

早退

　業務中に早退しなければならなくなった場合には、業務の進捗を上司に報告し、引き継ぐ必要がある業務があれば直接伝えます。出社した時から体調が優れない場合は早退の可能性があることだけでも早めに伝えておくと良いでしょう。上司への連絡・報告は密に行うのが基本です。また出張先からそのまま早退するときも原則電話で連絡をしましょう。

- 業務の進捗状況を伝えてから早退する。
- 早退することを早めに伝える。
- 予定されていた会議や打ち合わせがあれば、出席できないことを伝え、必要があれば改めて日程調整をしたり、代理の者を出席できるよう調整をお願いする。

- 無断で早退する。
- 出席予定の会議・打ち合わせの主催者や、会う約束をしていた相手方に連絡をしない。
- 約束をすっぽかす。

▊報告・連絡・相談

　報告・連絡・相談の３つをまとめてビジネスの「ほうれんそう」と呼びます。「ほうれんそう」はビジネスの基本中の基本です。丁寧なほうれんそうを行うことが、重要です。

報告

　上司・先輩から指示を受けて仕事をするのが新人社員の最初の仕事です。上司・先輩の指示を正確に聞くことが求められます。指示を受けるときは目的を確認し、指示された具体的な作業をイメージすることが大切です。必ずメモをとりながら聞きましょう。作業に着手したら、指示を正確にとらえられているか、進捗の２割程度の段階で上司や先輩に確認をしましょう。実際に仕事をはじめてみると、わからないことがでてきます。わからないまま自己流で進めると時間の無駄になってしまうことがあります。作業完了後は報告に行く前にメモを見て、きちんと指示どおりに作業を完了させられたか、確認します。報告する前には、どのような順序で報告を

するのかイメージトレーニングします。直接口で伝える場合でも、結論や進捗状況がわかりやすいように、簡潔に事実を報告します。

上手な指示の受け方
・すぐに指示を受ける
・メモを準備して行く
・５Ｗ３Ｈを確認する
・目的を確認する
・最後まで聞く

指示を受けたら、自分から報告するようにしましょう。上司・先輩から「〇〇の指示はどこまで進んでいる？」と聞かれたときは、素直に答えますが、次からはその質問を受ける前に報告するように心がけましょう。上司・先輩は指示を出したあとは、報告を待っている立場にあるということを意識します。報告は自分からすることが基本です。聞かれる前に報告できるように、こまめな報告を心がけます。

上手な報告のポイント
・自ら報告する
・結論から先に報告する
・指示を出した本人に報告する
・事実を報告する
・意見や推論は求められなければ避ける

> **CHECK** トラブル・ミス！ ミスの報告はあなたの評価を押し上げる

ミスは誰にでも起こりうるものであり、**ミスをしてしまった場合には、正直かつ迅速に報告**することが重要です。報告が遅れると問題が深刻化する可能性があります。また、**報告内容は、ミスの原因や影響範囲、改善策などを含め、具体的かつ明確に伝える**ようにしましょう。さらに、**ミスをしたことで得た教訓や反省点を含め、今後の改善点についても上司や関係者に伝える**ことで、自己成長にもつながります。ミスをおかしてしまった場合でも、正直かつ適切に報告することで信頼を築き、評価を高めることができます。

連絡

社内はもちろん、社外の方とも連絡をとりあう機会があります。そういった**連絡は面倒がらずに、こまめに連絡を取り合いましょう。メールを送りっぱなし、電話をしただけ等では連絡をしたとは言えません。**情報共有をスムーズ

にすることで、仕事のミスが減るだけでなく、円滑なコミュニケーションに繋がります。連絡時の挨拶のマナー・言葉遣いなどにも気を配る必要があるため、最初は気疲れしてしまうかもしれませんが日々意識し実践することで、スムーズに連絡をとるスキルを身につけることができます。連絡のときには、会社ならではのルール（メールの署名のかたちが指定されている、連絡をとる専用のアプリがある、メールを返信するときにチェックしてもらうなど）がある場合もあります。上司・先輩の指示をよく聞いて、きちんと連絡をしましょう。

　特に、資料の差し替えや打ち合わせ日時の変更、依頼のキャンセルなど、修正・中止といった連絡はトラブルに繋がることが多い事項です。電話をしたうえで、同じ内容を改めてメールするなど、形に残るような連絡方法をとったうえで、期日のあるものについては事前に再度確認をとるようにします。あとからトラブルが起きたときに連絡した形跡が残っていれば見返すことができますが、電話や口頭のみの連絡だと「言った言わない」の水掛け論になってしまうこともあります。重要な連絡をするときは、複数人で対応するか、書面に残しましょう。

相談

自分だけではどうしたらいいのかわからないときや、問題が発生したときには上司・先輩に必ず相談します。相談するときには、相談する目的、内容、ポイントなどを自分なりに整理してから相談します。整理する方法は、メモに箇条書きにしてみたり、いったん声に出してみたりすると効果的です。

　基本的には直属の上司に相談します。相談するときには、相談内容に適した相手方を選ぶことが重要ですが、直属の上司をとばして、他の上司や、上司の上司に、突然、相談をすると、直属の上司は信頼されていないと感じてしまいます。しかし、パワーハラスメントやセクシャルハラスメントなど内容によっては直属の上司に相談しにくいこともあります。その場合、相談内容にあわせてしかるべき部署や人を選びましょう。相談した結果、アドバイスをいただいたときには「でも」「だって」などという否定の言葉は使わないようにします。「勉強になります」と答えて、アドバイスを受け止めましょう。たとえ納得できなくても、相談にのってもらっているという感謝の気持ちを忘れないようにしなければなりません。なにか実行するように勧められたときには、積極的に実行してみましょう。

> **CHECK** 相談にのってもらったあとのお礼
>
> 　相談にのってもらいアドバイスを受けたときには、お礼の気持ちを伝えます。当日はもちろん、翌日や後日に「先日はありがとうございました。〇〇さんのおかげで助かりました。またなにかあったら相談させていただけると嬉しいです」と感謝の言葉を述べます。なにか実行するようアドバイスをもらったときには、その行動を実行に移せたあとでも、お礼を伝えると、アドバイスをした相手に好印象を与えます。

★相談する前に自分で考えよう！

　新社会人の皆様は上司や先輩から「わからないことがあったら相談して」と言われることも多いかと思います。ただ厄介なのは相談する方法を間違えてしまうと「やる気がない」「無能な新人だ」などと思われて評価を落としてしまう可能性があります。しかし、一方、上司や先輩に相談ができなければ、仕事を覚えるスピードが遅くなってしまいます。

　相談には次の4つのポイントがあります。

① 相談内容を明確にする

相談する前に、何に困っているのか、自分がどのような問題に直面しているか、どのようなアドバイスや解決策を求めているかを明確にしておくことが大切です。相談の背景を説明し、現状を伝えて、具体的にどんな問題に直面しているのかを簡潔に言語化・可視化しておくとよいでしょう。

② 相談する前に自分で考える

まず自分で考え、できるだけ自分で解決策を見つけるように努めましょう。なんでも先輩や上司に頼ってくる人というレッテルは、今後他の仕事を進める際にとても不利に働きます。間違っていても筋が悪くても構いませんので、自分はどう考えたのかも伝えられるようにしておきましょう。ただし、自分で考えた解決策を誰にも相談せずに実施してしまうのはNGです。問題を余計に大きくしてしまいかねません。考えた解決策は、上司に報告し、欠点がないかを上司等から客観的に判断してもらいましょう。

❸ わかりやすく説明する

　相談内容を上司に伝える際には、わかりやすく説明することが重要です。複雑な問題については、図やグラフを使って説明するなど、できるだけ具体的に伝えるように心がけましょう。

❹ フィードバックを受け入れる姿勢を持つ

　上司からのアドバイスやフィードバックに対して、受け入れる姿勢を持ちましょう。自分の意見や考え方に固執せず、上司からのアドバイスを真摯に受け止め、改善に取り組むことが大切です。

▌仕事の頼まれ方

仕事を頼まれる時は、次の5つのステップを意識しましょう。

① 名前を呼ばれたらまず「はい」と返事をします

② メモとペンを取り出す

③ 集中して指示を聞き、記入する

④ 質問・確認をする

⑤ 目的を確認する

印象の良い仕事の頼まれ方

① 名前を呼ばれたらまず「はい」と返事をします

そして立ち上がって、相手方の近くへ行きます。

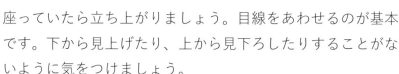

もし自分の席の近くで名前を呼ばれたときに、相手方が立っているときは、もし自分が座っていたら立ち上がりましょう。目線をあわせるのが基本です。下から見上げたり、上から見下ろしたりすることがないように気をつけましょう。

手が外せないときに呼ばれたら！

「はい、すみませんが少しお待ちください」とすぐに返事します。5分以上待たせてしまいそうなときには具体的に「はい、〇分ほどお待ちいただけませんか。申し訳ありません」と返事することがオススメです。

電話で話しているときに、上司に呼ばれたら！

まずは電話の相手に「〇〇様すみません。少しだけお待ちください」と声をかけます。その後、いったん保留にしてから、上司に対して「ただいま〇〇様と電話中ですので、終わり次第うかがいます」と返事をしましょう。

その後、相手との電話が終わったら上司に声をかけます。

② メモとペンを取り出す

デスク周りを整理整頓して、メモとペンはすぐに用意できるように準備しておきます。

③ 集中して指示を聞く

　自分でも聞いているつもりになっていて、実際に指示された作業を始めたらわからなくなってしまうことがあります。話を聞いて、重要なポイントをメモします。相手が話をしているときには、基本的にはさえぎらず、わからないことや質問したいことはあとでまとめて聞きましょう。もし、相手から「わからないことがあったら途中でもいいからいつでも聞いてほしい」と言われたら、そのとおりにします。

④ 質問・確認をする

　５Ｗ３Ｈを確認し、数字や固有名詞が関係ある要素（売上、価格、会社名、人名など）は間違いがないように復唱します。相手方が指示した内容を、自分が誰かに説明できるかどうか、意識しましょう。

⑤ 目的を確認する

　ただ漠然と指示を受けるだけでなく、指示された業務の最終的な目的や、仕上がりのイメージを確認しましょう。意思の疎通を深められるだけでなく、今後の業務改善のポイントを発見できることにもつながります。

🔍 複数の指示をもらったときには！

複数の指示をもらったときには、優先順位をつけましょう。最初のうちは、指示をくれた相手方に優先順位や締め切り期日を聞きます。

🔍 指示が複雑だと感じたときには！

指示が複雑だと感じたときには、手順の書いたマニュアルや指示書がないか確認します。ない場合は、指示どおり作業を進めるなかで、わからないことがあったらこまめに聞きます。

🔍 指示が重複するときには！

スケジュールが重なってしまう会議の参加を指示されたり、相反する指示を受けたりしたときには、落ち着いて受けた指示を整理したうえで、指示をした人に自分がどうすればよいか確認します。自分の判断で勝手に決めることはやめましょう。

■会議に参加する

　全体会議など、新人社員でも参加する会議はあります。会議に参加するときには、テーマに対して下調べをしておくことがオススメです。聞いたことがないテーマでも、インターネットの検索サイトで検索したり、会社の資料を読んだりしておきましょう。

　最初のころは会議に参加しても、専門用語が理解できず話題についていけないことがあります。そんなときは、専門用語をメモしておき後ほど調べたり質問したりしましょう。会議の議事録を読み返すことで知識の習熟に繋がります。会議には様々な種類があります。必要な資料や指示された資料を印刷、コピーして準備しておきます。

　自分に役割があてられたときは過去にその役割を担当した人に話を聞いておきましょう。書記、タイムキーパー、お茶出しなどの役割を担うときには、気をつけるべきポイントを事前に洗い出しておきます。

CHECK 会議の下準備(開催する側)

会議の準備として飲み物やお弁当を求められるときがあります。**不足しないようにきちんと数をそろえて購入します。**お弁当を購入するときはアレルギーにも気を配りましょう。

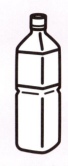

席札が必要であれば用意し、パソコンやプロジェクターの接続が問題ないか、確認しておきます。会議直前にはお手洗いに行って用を済ませ、身だしなみを確認します。外部からのお客様が参加するときには、お出迎えをします。会議を行う場所には早めに到着し、30分前には待機しましょう。

資料の印刷

片面印刷、カラー印刷、ホッチキスの綴じ方など、明文化されていなくてもルールとして決まっていることがあります。できれば上司や先輩に教えてもらうか、見本を一部もらってからそれを参考にして資料の準備をしましょう。なお、会議の資料は参加者数よりも少し多めに刷っておくことがオススメです。印刷したら、ページ抜けはないか、印刷ずれはないかを確認し、ホッチキスで綴じるときには端をきちんと揃えましょう。またA3横両面のような資料は、短辺綴じと長辺綴じのどちらがよいか、上司か先輩に確認しておくと安心です。**資料は会議直前に印刷せず、ゆとりをもって印刷しておきましょう。**

会議に参加しているとき

発言者に身体を向け、聞き取った内容をメモする。（発言者名とあわせてメモするとなおGOOD）
質問は発言者の話が終わったあとで行う。
問題を指摘するときは、改善案を用意する。
発言をするときは、考えをまとめて簡潔にわかりやすく、はきはきと話す。

腕組み・頬杖・あくび・おしゃべりをする
他の人の話を遮って発言する
否定的な話や、責めるような指摘ばかりをする
話の流れを遮って、一方的に自分の意見を話す
携帯電話やスマートフォンを操作する

◻ ビジネスではスキルの高い人の真似をしよう！

学生は、試験やレポートなどでカンニングをすることは許されません。学校や大学では、正しい知識や技能を身につけるための場であり、カンニングはそれを妨げる行為とされています。しかし社会人になったら、いかに上手にスキルの高い人の真似ができるのかが極めて重要です。

スキルの高い人が、どうやってできるようになったのか、判断に迷うことがあったときどう対処しているのか、過去の資料を参考にするとき、どんな視点で見ているかなど、ただ単に「どうすれば良い？」と聞くだけでなく、その人がやっている行動を教えてもらい真似します。はじめのうちは人マネかと思うかもしれませんが、仕事をするうえでは正確さとスピードが求められます。「5分自分で考えてわからなかったら聞こう」などと自分の中でルールを定め、就業時間内に仕事を終わらせられるように努めましょう。こうしたことを繰り返すことで、自分のスキルが上達していきます。

◻ 質問前の事前準備等

　そこで大切なことは、まず自分で調べて調べて、何がわからなかったのかを明確にしてから、先輩や上司に質問することです。では実際にどのようなプロセスで調べればよいのかを紹介します。

> **お悩み**
> 　先輩から「明日、新規で問い合わせがあったＡ社に訪問することになったから、準備しておいて」と言われたが何を準備すればいいのかわからない。

・インターネットで検索する

　インターネットを使って、キーワードやフレーズで検索を行う方法です。GoogleやYahoo!などの検索エンジンを使うことで、関連する情報を手軽に収集することができます。今回の場合は「新規顧客　訪問　準備」などで検索すると良さそうです。

　仮に上記のキーワードで検索すると、「会社説明の資料」「商品の資料」「商品サンプル」などを持っていくこと、メリットを伝える営業トークを考えていくことなど具体的な記事が数多くヒットします。こうした記事を読み、抽象的でわから

ないことを再度検索していくことで、より深く調べることができます。今回では、「メリットを伝える営業トーク」とはどんなものか調べることになりそうです。

・新聞や書籍や専門誌の参照

書籍や専門誌にも助けとなる情報がたくさん載っています。同じ業界の会社に訪問するようであれば、業界紙などを読んでおくと最新の話題がキャッチアップできます。

・過去に新規訪問したときの履歴を探してみる

社内サーバーなどにA社訪問用資料などというフォルダが存在しているケースも多いです。そうした社内履歴が見られる環境にあるなら探してみるととても参考になります。

上記のことを調べてから、「ここまで調べましたが十分な準備となっていますか？」と質問することで、先輩や上司も気持ちよく答えてくれます。

3

敬語の基本

▌敬語の基本

　社会人の会話は基本的にすべて敬語です。仮に相手が年下やアルバイトの新人であっても敬語を使いましょう。あなたの発言は誰も気にしていないようで、多くの人が聞いています。ただ、難しく考えることはありません。相手に敬意を払うことを忘れず、丁寧な応対を心がけていれば、尊敬語と謙譲語を間違えたくらいでは悪い印象にはなりません。とはいえそれは新社会人とみなされている短い間だけです。次に後輩が入社してくるまでには正しい敬語が使えるようになりましょう。

　敬語は尊敬語・謙譲語・丁重語・丁寧語・美化語の5種類です。

尊敬語：相手を敬う「いらっしゃる」「おっしゃる」タイプ
相手側または第三者側の行為や状態等について、その人物を立てて述べる

（例）お帰りになる、お読みになる
● お（ご）〜くださる
（例）お待ちくださる、お読み

くださる
● 〜れる（られる）
（例）聞かれる、会われる
● 名詞や形容詞に「お」・「ご」をつける
（例）お仕事、ご家族

謙譲語：自分がへりくだる「伺う」「申し上げる」タイプ
自分から相手または第三者に向かう行為等について、その向かう先の人物を立てて述べる

● お（ご）〜する（します）、いたす（いたします）
（例）お待ちする、お読みいたします

● 〜させていただく
（例）お待ちさせていただく、見学させていただく

● お（ご）〜申し上げる（申し上げます）
（例）お願い申し上げます

● 拝〜する
（例）拝見する、拝借する

丁重語：「参る」「申す」タイプ
自分の行為等を相手に対して丁重に述べる

丁寧語：相手へ丁寧に伝える「です」「ます」タイプ
相手に対して丁寧に伝える

● 〜です、〜ます

● 〜でございます
（例）資料でございます

● 名詞や形容詞には「お」や「ご」を付ける
（例）お身体、お言葉、ご病気

美化語「お●●」タイプ
そのことやそのものを美化して述べる

● お料理

● お水

よく使われる敬語表現

★ 動作

動詞	尊敬語	謙譲語	丁寧語
する	なさる される	いたす させていただく	します
いる	いらっしゃる	おる	います
来る	いらっしゃる お見えになる お越しになる おいでになる	参る 伺う	来ます
訪ねる	お訪ねになる 訪ねられる	お訪ねする	お伺いする 訪ねます
帰る	お帰りになる 帰られる	失礼する お暇する	帰ります
待つ	お待ちになる お待ちください	お待ちする	待ちます
見る	ご覧になる ご覧くださる	拝見する 見せていただく	見ます
読む	お読みになる	拝読する	読みます
知る	ご存じ お知りになる	存じる 存じ上げる	知っています
あげる	賜る くださる	差し上げる	あげます
もらう	お受け取りになる	いただく 頂戴する 受けたまわる	もらいます
食べる	召し上がる お食べになる	いただく 頂戴する	食べます

■ 間違いやすい敬語

！尊敬語と謙譲語

主語は誰かを考えて、敬語を使いましょう。敬う相手に使う尊敬語と自分をへりくだるときに使う謙譲語を、逆に使うことは失礼にあたるので、気を付けましょう。

● ○○さんはおりますか？（「おる」という謙譲語を相手へ使うのはNG）

→○○さんはいらっしゃいますか

※地域によっては、「おる」が尊敬語と同じように使用されているところもあります。

● ○○さんでございますね？（「ございます」という謙譲語を相手へ使うのはNG）

→○○さんでいらっしゃいますね

● ご注文は何にいたしますか？（「いたします」という謙譲語を相手へ使うのはNG）

→ご注文は何になさいますか？

！誤った言葉遣い

● とんでもございません（「とんでもない」という単語でひとくくりなので「ない」を省略することはNG）
→**とんでもないことでございます**

● ○○でよろしかったでしょうか（現在のことを話しているので過去形はNG）
→**○○でよろしいでしょうか**

● お茶のほう、お取りかえいたします。（「〜のほう」は、方向や方角を示したり、複数の選択肢がある場合に使う表現のためNG）
→**お茶をお取りかえいたします。**

● こちらが見積書になります。（「なります」は変化するものに使う表現なのでNG）
→**こちらが見積書でございます**

● 私では役不足です（「役不足」とはその人の力量に対して役目が軽すぎることを指すのでNG）
→**私では力不足です。または、私では役者不足です。**

！目上の人にNGな言葉遣い

● お世話様です。(「お世話様」は上の立場からかける言葉です)

→お世話になっております。

● ご苦労様です。(「ご苦労様」は上の立場からかける言葉です)

→お疲れ様です。

● 了解です。(「了解」は親しい間柄で使う言葉です)

→かしこまりました。

● すみません。(謝罪のときにかける言葉としては望ましくありません)

→申し訳ございません。

！二重敬語

● ○○様がなさっていらっしゃる (「なさる」と「いらっしゃる」二重敬語はNG)

→○○様がなさる

！社内の人について社外の人に言うとき

　社内の人について社外の人に言うときは特別で、目上の人でもへりくだった言い方（謙譲語）を使います。社外の人や第三者からすると、会社という集団として扱われますので、たとえ社内での上下関係があったとしても、社外の人や第三者へは一律でへりくだった言い方（謙譲語）を使います。

- ○○部長は外出中で、いらっしゃいません。
→部長の○○は外出中で、おりません。

！社外で社内の人を呼ぶときは呼び捨てにする

　社外の人前で、社内の人について話すときは、呼び捨てするのが一般的です。

・**必ず呼び捨てにしなければならないという訳ではありません**。特に付き合いの長い取引先などに対しては、○○さんや××部長などと通常社内で呼ぶときと同様でも違和感はありません。

■ リモート会議の基本

★ リモート会議（オンラインミーティング）とは

リモート会議とは、PCやモバイルを活用してウェブ上で行われる会議のことです。これまでは遠隔地のミーティングにおいて行われてきましたが、とくに新型コロナウイルスが蔓延したあとは在宅勤務が広がるにつれて一般化しています。使用されている代表的なツールとしては「Zoom」や「Google Meet」などがあり、ネット環境とデバイスおよびツールがあればどこからでも参加できる利点があります。

★ リモート会議の特徴

対面で行われる通常の会議と異なり、リモート会議はオンライン上でのやり取りが基本となります。そのため、PCやモバイルの画面を通じてコミュニケーションが行われることとなり、感染症予防になる一方、ネット環境の不備や操作性などの観点から慣れるまで思うように対話ができないケースもあります。あらかじめWi-Fi環境や使用方法を熟知しておくなど、リモート会議ならではの準備をすることが大切です。

★ リモート時代のコミュニケーションについて

新型コロナウイルスの影響が落ち着いた後も、積極的にリモート会議を用いる企業が増えています。対面でできる場合

であってもあえてリモートで実施するケースや、社内外を問わずリモート会議が求められるケースも少なくありません。そのためビジネスパーソンとしては、各ツールを使い慣れておくことに加え、リモート会議における基本的なマナーを身につけておく必要があります。

★ 対面とリモートの違い

　ただし、対面とリモートでマナーそのものが大きく変わるということはありません。これまで身につけてきた基本的なビジネスマナーは、同じようにリモート会議でも応用できます。むしろ大事なのは、「リモートだから……」と考えて気を緩めてしまわないこと。対面時と同じ緊張感をもって臨むことで、相手に失礼のないミーティングを行うことができるようになります。

リモート会議のマナー

★ 顔出しが基本

　リモート会議においては「顔出し」が基本となります。画面越しということもあり、表情や服装などへの気遣いがおろそかになっているケースも見られますが、あくまでも「ビジネスの場」であることを忘れてはなりません。ですので、対面しているときと同じような表情や笑顔、服装についても考慮する必要があります。どうしてもマスクをしなければなら

ないときもありますが、外せるときは外したほうがベターで
しょう。

★ あいさつの仕方

　社会人の基本である「あいさつ」は、リモート会議上でも
当然求められます。とくにリモート会議においては、カメラ
によっては画面が見にくかったり、マイクの調子が悪くて音
声が聞き取りにくかったりすることもあります。そのため、
普段よりもはっきりと喋るよう心がけ、「よろしくお願いし
ます」「本日はありがとうございました」など、基本的なあ
いさつを欠かさないようにしましょう。

★ マイクの音とオフ

　とくに複数人でリモート会議を行うときは、マイクの音に
注意が必要です。人によっては大きく聞こえてしまう場合が
あるため、会議をはじめる前に確認しておくと良いでしょ
う。また、発言者以外の人はマイクをオフにするなど、状況
に応じて適切な対応をとることが求められます。とくに、周
囲の環境音（工事や自動車の音など）が気になる場合には注
意が必要です。

★ リアクションは大きめに

　リモート会議はカメラの映像と音声によるコミュニケー
ションが主体となります。そのため、対面の会議よりも情報
が制限されてしまいます。そこで、相手に「話を聞いていま

すよ」と示す相槌はできるだけ大きくするよう心がけましょう。また、手振りを交えて説明するボディーランゲージなどを用いたいときも、できるだけわかりやすく行うのがポイントです。

★ 資料の共有はスムーズに

　普段の会議では、紙の資料を配ったりプロジェクターを活用したりすることもできますが、リモート会議では勝手が異なります。資料の共有はあらかじめメールで行っておいたり、あるいはツールの機能を活用してその場で配布したり画面共有などをする必要があります。そこでもたついてしまうと会議の進行にも影響が出てしまうので、操作方法を含め、あらかじめ準備しておくようにしましょう。

★ 終了時の注意点

　通常の会議であれば、終わったあとに「今日はありがとうございました」「それで次回ですが」などの話へとスムーズに移行できますが、リモート会議ではつい忘れてしまったり、いつもとは違う「間」があいてしまったりすることもあります。そうならないよう、「始まり」「本題の議論」「終わり」などと区切り、会議そのものだけでなく終わり方も工夫するように心がけましょう。

リモート会議で注意したいこと

★ ネット環境に注意する

　場所によっては、電波が弱かったり不安定であったりすることがあります。そのような場所からリモート会議に参加すると、途中で途切れてしまうことがあります。そうしたケースを想定し、できるだけ安定したネット環境で行うようにしましょう。また、電波が悪いところから参加する場合は、あらかじめその旨を伝えておくと、途切れてしまった場合でもリカバリーしやすくなります。

★ 情報漏洩には細心の注意を

　会議室で行われる通常の会議では意識されませんが、オンラインで行われるリモート会議では「情報漏洩」にも配慮が欠かせません。例えば、カフェやコワーキングスペースなど公共の場からリモート会議に参加する場合、誰かに画面を見られたり話の内容を聞かれたりする可能性があります。また、公共のWi-Fiを使うことで情報漏洩につながるケースもあるため、十分に注意しておきましょう。

★ 話し方にも気を配る

　たとえネット環境が良好であっても、わずかに音がズレてしまったり音が飛んでしまったり、あるいは雑音が入ってしまって聞き取れない場合があります。そのようなリアルの対話との違いがあることを考慮し、普段の会話よりゆっくりめのテンポで、かつ余裕を持って話すようにしましょう。お互

いに発話が重なってしまったときも、**譲り合う姿勢をもつことでコミュニケーションがスムーズになります。**

4

ビジネス会話の基本

ビジネスシーンでNGな言葉遣い

相槌

★「うん」

敬語での相槌は「はい」が基本となりますが、話の流れの中で「うん」と言ってしまうこともあるかもしれません。とくに慣れている相手の場合はそうなりやすいのですが、場合によっては失礼にあたることもあるため、「はい」以外には「ええ」などを使ったほうが無難です。

★「ああ」

「ああ」や「まあ」などの相槌も、「はい」や「ええ」に比べるとフランクな印象が強くなります。相手の話に共感する意味合いは伝わるかもしれませんが、相手によっては気になるかもしれません。「はい、そうですね」「ええ、そうですね」などの言葉を使うようにしましょう。

★「なるほど」

相手の話に共感する言葉としてよく使われるのが「なるほど」です。話を聞いていることに加え、その内容が「勉強になる」などのニュアンスを伝えられるかもしれませんが、どうしても「品評する・評価する」という雰囲気が混じってしまいます。やはり「そうですね」を使ったほうが良いでしょう。

★「たしかに」
　「たしかに仰る通りです」などの文脈で使えれば自然なのですが、単体で「たしかに……」を連呼してしまうと、しつこく感じられることに加えて、言葉遣いとしては少し雑な印象をもたれてしまいます。やはりビジネスシーンなどでは、省略せずにきちんと相づちを打つことが求められます。

否定・拒否

★「いや」
　自分ではとくに意識していないつもりでも話の最初に「いや」をつけてしまう人がいます。しかし「いや」には否定や拒否のニュアンスが含まれており、相手に不快感を与えてしまいかねません。無意識に使っている人はとくに注意が必要です。

★「でも」
　「でも」も相手が話した内容を否定するニュアンスを含みます。もちろん、相手が話すすべての事柄に共感する必要はありませんが、いきなり「でも……」と話しはじめるのではなく、「お話いただいた通り……ですね、ですが……」など、ワンクッション置くことで印象が柔らかくなります。

★「どうせ」

ビジネスシーンでは相手方と交渉することも多く、その場合に望ましいのは「Win－Win」の関係性です。つまり、こちらも相手も良い話になるように進めていくべきなのですが、「どうせうちは……」などと後ろ向きな発言ばかりしていると、まとまる交渉も難航してしまう可能性があります。

若者言葉

★「ですよね」

「です」という言葉が入っているので敬語のように思われるかもしれませんが、「ですよね」を単体で使うことによっていわゆる「若者言葉」になります。相手に「雑な話し方をする人だな」と思われないためにも、使わないようにしましょう。

★「ッスね」

「ですよね」と同様に、語尾を「～ですね」ではなく「～ッスね」とするのもNGです。「ッス」というのは「です」を省略している言葉であり、学生時代は通用したかもしれませんが、ビジネスシーンではNGなので注意したいところです。

★「なるはやで・速攻で」

「なるはや」は「なるべく早く」、「速攻で」は「とくに速く」

などのニュアンスを持つ言葉ですが、いずれも省略したり特別なニュアンスを含んだりする軽い言葉となります。体育会系の人などはつい使ってしまいがちですが、相手に失礼な印象を与えないためにも注意してください。

　商談の相手や上司や先輩からこの表現で指示をされることがあります。その場合は、こちらから具体的な期日を確認するようにしましょう。明確な回答がない場合は、「期限は来週末で大丈夫ですか？」などと提案するようにしましょう。早さ（速さ）は個人の感覚に依存します。この感覚の違いからトラブルになってしまうことを未然に防ぎましょう。

★「半端ない・超すごい・ヤバい」
　どれも「程度がはなはだしい」という意味の若者言葉です。仲のいい友人相手であれば使ったほうがむしろお互いの距離を縮められるかもしれませんが、ビジネスシーンでは年齢差のある人を相手にすることも多く、使わないようにしましょう。

★「マジですか」
　若者言葉の典型です。ビジネスマナーを身につけている人であればまず使うことはないと思いますが、慣れてくるとつい出てしまいやすい言葉です。「っていうか」「ありえない」などとともに、ビジネスシーンにはそぐわないものとして注意しておきましょう。

その他の注意したい言葉遣い

★ 馴れ馴れしい言葉

例：「そうそう」

　共感したい気持ちを表すために「そうそう」などの言葉が使われることもありますが、相手からすると失礼に感じるかもしれません。**「ええ」や「仰るとおりです」などの丁寧な言葉遣いに切り替える**ことで、相手の心象を悪くしないように工夫しましょう。

★ 過剰な敬語

例：「～させていただきます」

　「～させていただきます」は、一見すると丁寧な言葉遣いに思われるかもしれませんが、**連呼するとしつこい印象**を与えてしまいます。本来は、相手の許可を得て行動することを意味するため、不自然な印象を与えないように工夫しましょう。

★ 文章言葉

例：「幸いです」

　言葉としては間違っていませんが、話し言葉としてはなじまない言葉もあります。「幸いです」などはまさにその典型で、「～していただけるとありがたく存じます」など、自分がどう感じているのかをストレートに敬語で表現したほうが無難でしょう。

★ **省略言葉**
例：「リスケ」「レス」

外来語などを話の中で用いるときに省略して使われることがあります。たとえば「リスケ（リスケジュール）」や「レス（レスポンス）」などがそうですが、これらの言葉を多用していると粗雑な印象を与え兼ねません。できれば普段から正しい言葉を使うようにしましょう。

知っておきたいビジネス用語

★ **アウトソーシング**

社内にある特定の業務（インソーシング：内製）を社外の業者に委託することです。対象となる業務は経理や営業補佐、さらにはバックオフィス業務など多岐にわたります。

★ **アグリー**

「同意する」という意味の言葉です。相手の言葉に対して同意する場合に「私もアグリーです」などというかたちで使われます。

★ **アジェンダ**

「議題（会議で論じる事項）」を意味する用語で、会議の中で使われたり会議用の資料に記載されたりします。あらかじめミーティングの前に設定しておくことで、会議の進行がスムーズになります。

★ イニシアチブ

「○○がイニシアチブを握る」などのように使われる言葉で、日本語では「主導権」という意味になります。誰にイニシアチブがあるのかを把握しておくことで、全体が見通しやすくなります。

★ イニシャルコスト

「初期費用」を意味する言葉で、何かをはじめる際に必要となる費用を指します。その他にも、プロジェクトが開始してから発生する費用として「ランニングコスト」があります。

★ エスカレーション

自分では対応できない業務において、より上の立場の人（上司など）に対応をお願いしたり伝達したりすることを指します。「私の上役にエスカレーションいたします」などと使われます。

★ クロージング

営業の現場でよく使われる言葉で、商談における最終的な意思決定を促すことを「クロージング」と言います。相手の決断を促すべく、慎重な対応が求められます。

★ コミット

何らかの業務に対して積極的に取り組むことを「コミット

（コミットメント）」と言います。ただ携わるのではなく、前向きに取り組んでほしい場合によく使われます。

★ コンプライアンス
　「法令遵守」を意味する言葉で、昨今の企業活動においてとくに求められている事柄です。基本的な事項ではあるものの、コンプライアンスへの意識がその企業の評価につながることも少なくありません。

★ サステナビリティ
　「持続可能性」を意味する言葉で、主に環境的な側面に加え、経済・社会など幅広い観点からその活動が持続可能であるか（無理なく続けられるか）を問われる場面で使われます。

★ シュリンク
　とくに「市場」に対して用いられる言葉で、「縮小・減少」という意味があります。「この○○市場は将来的にシュリンクしていくと予想されるから……」などの使われ方が一般的です。

★ スキーム
　何らかの仕組みや枠組みをもった計画、あるいは方法論などのことを「スキーム」と言います。「この事業スキームが成功の秘訣」などのように用いられます。

★ ステークホルダー

その企業を取り巻く関係者を意味する言葉で、具体的には「利害関係者」という意味になります。ステークホルダーを把握することで、その会社が置かれている状況を精査することができます。

★ ドリブン

「データドリブン」などと使われる言葉で、「〜によって推進された」という意味になります。データドリブンであれば、「データによって意思決定を行う（この活動はデータによって推進される）」という意味になります。

★ ナレッジ

直訳すると「知識」になりますが、とくにビジネスシーンではその会社が保有している有益な情報やノウハウ、経験値などを意味することが多いです。

★ ニーズ

ビジネスシーンにおいては「需要」を意味する言葉で、「市場のニーズを把握する」「顧客のニーズをつかむ」などの使われ方が一般的です。ニーズをつかむことが、事業を推進する一歩になることも多いです。

★ バッファ

　「あらかじめバッファを考慮に入れて計画を……」のように、予備的な期間や余裕を指す言葉です。直訳すると「緩衝材」となりますが、イメージとしては余裕・猶予がニュアンスとして近いです。

★ フィックス

　相手との合意形成が図れているかどうかを意味する用語で、「すでにこの案件はフィックスしている」などの使われ方があります。

★ ペンディング

　「保留」や「先送り」を意味する言葉で、「今回の会議はペンディングになりました」「決断はペンディングにして……」などと使われる用語です。

★ マネジメント

　会社の経営資源を効率的に活用することを「マネジメントする」と言います。その過程では、リスク管理や目標達成など様々な要因が関係してくるため、マネジメントには高度な技術が必要とされています。

★ マネタイズ

　正式には「マネタイゼーション」という用語で、その事業

やサービスのどこで収益化を実現するのかを検討する言葉となります。とくに新規事業においてはシビアに問われることも多いです。

★ **リスケジュール**

「リスケ」などと省略されることもありますが、計画を変更する（リスケジュールする）という意味になります。もともとは金融機関からの借り入れに対する返済計画において使われている言葉です。

★ **ローンチ**

新しい商品やサービスを市場に出すことを「ローンチする」と言います。ベンチャー企業や新規事業の現場でよく使われています。

★ **ワークライフバランス**

言葉の通り「ワーク（仕事）」と「ライフ（プライベート）」のバランスを考慮する発想です。近年では、とくに仕事もプライベートも充実させられるかどうかが問われています。

★ BtoB/BtoC

BtoBは「Business to Business（企業から企業へ）」、BtoCは「Business to Consumer（企業から個人へ）」という意味です。つまり対企業か対個人か、という違いを意味します。

★ CSR

「Corporate Social Responsibility」を省略した言葉で、日本語では「企業の社会的責任」を意味します。とくに近年では、企業は利益だけを追求していてはいけないという考え方が広がりつつあります。

★ KPI/KGI

「KPI:Key Performance Indicator」は「重要業績評価指標」、「KGI:Key Goal Indicator）」は「重要目標達成指標」の略称となります。KGIが全体のゴールであり、KPIはその中間指標というニュアンスになります。

★ NR

「No Return」の略語で、主に外回りの営業などで「直帰」を意味する言葉となります。場合によっては「返品不可」という意味で使われることもあります。

★ OJT

「On the Job Training」の略称で、職場の上司や先輩が直接仕事の指導をすることです。反対に「Off-the-Job Training」

では、社外での研修や教育を意味します。

★ PDCA

「PDCAサイクル」という用語として使われる言葉で、「Plan（計画）、Do（実施）、Check（調査）、Act（改善）」という事業活動の一連の流れを指します。

★ RPA

「Robotic Process Automation」を省略した言葉で、主にロボットが人の業務を代行し、自動化して行ってくれるソフトウェアロボット技術を指します。

★ SDGs

「Sustainable Development Goals」の略称で、日本語では「持続可能な開発目標」という意味になります。2015年9月に国連で採択され、各企業に対してもその指針への理解が求められています。

■ ビジネス会話の基本事項

　社会人の会話は敬語が基本になりますが、ビジネスの現場では、それ以外にも留意しておきたい「言葉遣い」や「言い回し」があります。それらはいわゆる「ビジネスマナー」の一環として用いられているもので、ただ敬語を使っていればいいわけではない点に注意してください。とくにビジネス上の言葉は、日常会話とは異なる部分もあるので、両者の違いを踏まえた上で使うようにしてください。正しい対応ができていないと、「この人は社会人経験が短いのだろうか」「ビジネスマナーがなっていない」などと思われてしまう可能があります。そうならないように、ぜひビジネス会話の基本をマスターしましょう。

押さえておきたい基本事項

★ ビジネスにふさわしい言葉遣いを心がける

　通常の会話と異なり、ビジネスシーンでは状況に応じたふさわしい言葉遣いを心がける必要があります。会話の中でも、それを意識しておきましょう。

★ ビジネスマナーを会話上でも押さえておく

　ビジネスシーンでの言葉遣いは、マナーの延長線上にあります。とくに最初のうちは、基本的な礼儀作法として捉えて

おくと良いでしょう。

★ ビジネスシーンにおける話し方のコツをマスターする

　ビジネスシーンでの言葉遣いや話し方にはコツがあります。コツさえつかんでおけば応用がききますので、要点を押さえてマスターしていきましょう。

★ 日常会話との違いを理解し、注意する言葉をチェックしておく

　ビジネスシーンでの会話は、日常会話とは異なるということを念頭に置いておきましょう。そうすることで、適切な言葉遣いがしやすくなります。

★ 余力があれば、会話の「構成」を工夫してみる

　会話の中で「何を」「どのような順番で」提示すればいいのかを考えられるようになると、会話の「構成」を踏まえたより伝わりやすいトークを展開できるようになります。

■ ビジネス会話の基本テクニック

　ビジネス会話をスムーズに進めるためには、いくつかのテクニックがあります。これらのテクニックはただ丸暗記するというのではなく、使用される具体的なシチュエーションをイメージしながら使えるようにしてください。できれば、頭で覚えるのではなく身体で覚えることが大切です。なぜなら、ビジネス上の会話は挨拶をはじめ咄嗟に行われることも多く、そのときにいちいち思い出そうとしていては間に合わないからです。また、不自然な間があると会話のリズムも崩れてしまうでしょう。そこで本項では、具体的なシチュエーションとともに、こうしたマナーがなぜ必要なのかについても言及しておきます。

「結論」「主題」を先に述べる

　どのような人が相手であっても、ビジネスの現場では「相手には時間がない」という意識を持つことが大切です。事実、ビジネスパーソンは誰もが時間に追われており、そのため伝達事項などの「業務上の会話」はできるだけ端的に行いたいと考えているものです。それができれば、時間を節約できるだけでなく、相手は必要な初動を素早く行うことができるからです。そこでビジネス会話では、話の「結論」や「主題」を先に述べるようにしましょう。そのように要点を伝え

てから、必要に応じて詳細を説明するのが基本となります。

○○様からお電話がありましたので至急ご対応をお願いします。発注した△△が故障したそうです。詳細としては、△△のパネル部分に水が入ってしまい、電源が入らなくなって業務が滞っているそうです。再起動は試したそうなのですが解決しないとのことで……

△△商品のパネル部分に水が入ってしまい、電源が入らなくなって業務が滞っているそうで、再起動は試したそうですが解決しないとお電話があったため、○○様のご対応をお願いします。

起承転結はNG!?

ビジネス会話において、ストーリー形式の「起承転結」は好まれません。プレゼンの一部に取り込んだり、世間話をするときに用いたりすることはありますが、こと報告や情報共有において起承転結はNGだと考えておきましょう。その理由は、結論や主題の伝達が後回しにされてしまうからです。**ビジネス会話の基本は、先に結論・主題を伝えること。**ストーリーがない話は味気ない気がするかもしれませんが、むしろ"ネタバレ"に当たる事柄を先に伝えてしまうほうがわかりやすく簡潔なのだと覚えておきましょう。

『桃から生まれた桃太郎が鬼を倒しました。どのようにして鬼を倒したのかと言うと、おばあさんが川で洗濯をしているときに大きな桃が流れてきて……』

『むかし、むかし、あるところにおじいさんとおばあさんが住んでいました。おばあさんが川へ洗濯に行くと、大きな桃がどんぶらこと……』

時間や数字を具体的に伝える

　ビジネス会話で重視されるのは、その情報がもたらされることで、具体的な問題点と解決策がすぐにイメージできることです。そして、そのために必要なのは事実情報としての「時間」や「数字」などです。それらが欠けていると、規模や量、あるいはどのくらい急いでいるのかなどがイメージできず、伝達された相手は追加で質問をしなければなりません。その手間を省くためにも、**伝える情報の中に具体的な時間や数字を盛り込むようにしましょう**。練習すれば、とくに意識しなくても行えるようになります。

A商品の処理速度は、従来のＢ商品より約３倍も速いのでおすすめです。納品までは従来品の目安である３日よりも少し長く、おおむね10日間ほどお時間をいただいております。

A商品の処理速度は、従来のＢ商品よりもとても速いのでおすすめですが、納品までしばらくお時間をいただいております。

ビジネス会話で使える小ワザ集

　話の内容以外にも、ちょっと工夫するだけで相手に伝わりやすい表現をすることは可能です。大切なのは、「どのような言葉を、どのような順番で伝えるといいのか」などを普段の会話から意識しておくことです。伝えるべき情報をそのまま並べるだけでは、相手がすぐに理解できるとは限りません。料理のように、材料を調理しやすくし、その上で美味しく食べられるように料理していく必要があるのです。そのための小ワザとしては、主に次のようなものがあります。

センテンスは短く表現する

　一文が長いと、それだけ理解に負担がかかります。文章でイメージしてもらうとわかるのですが「、（読点）」で繋いだ長い文章は、それだけで読むのが大変ですよね。そこで、話し言葉の場合も、**できるだけセンテンスを短く区切って表現するように心がけましょう**。そのためには、あらかじめ伝える内容を整理しておくことが大切です。頭の中で整えてからセンテンスを作るようにしてください。

私からご提案させていただくのはA商品です。こちらは当社の新商品となります。新しい機能としては□□様からご要望のあった〇〇を搭載しました。

私からご提案させていただくAという商品は当社の新商品でして、その新機能としては、以前□□様からご要望のあった〇〇という機能を搭載し……

曖昧な表現を避ける

　普段の話し言葉などで使われがちな「曖昧な表現」は、ビジネスの現場ではNGです。友人や知人との会話であればなんとなくニュアンスで伝わればいいのかもしれませんが、ビジネスの現場では情報を正確に伝えることが求められます。そこで、曖昧な表現を使わないように心がけ、「結果」「状況」「時間」などを具体的に伝えるようにしましょう。曖昧な表現をする度に修正していくと、徐々に慣れていくはずです。

「〇〇駅で発生した故障で電車に遅延が発生しました。そのため、10時からの打合せに15分ほど遅れそうです」

「電車がトラブったみたいなので少し遅れそうです」

主語と述語を近づける

　相手の理解を促すには、伝えるセンテンスの「主語」「述語「修飾語」等をわかりやすく提示することが大事です。そのためには、まず主語と述語を近づけるようにしましょう。つまり、「誰が」「何をしたのか」をコンパクトにまとめることで、理解しやすいセンテンスをつくります。「センテンスを短くする」ことにもつながりますが、そうすることで相手は瞬時に状況をのみ込めるようになります。

当社は△△商品のアンケートを実施しました。アンケートの対象は、△△商品をご購入いただいたお客様です。内容としては、△△商品の使用頻度及び満足度をお伺いしています。こちらはマーケティング活動の一環となります。

当社は、マーケティング活動の一環として、△△商品をご購入いただいたお客様に対し、△△商品の使用頻度及び満足度を図るためのアンケートを実施しました。

その他、会話等で使える フレームワーク

とっさのシビジネスシーンで適切な会話を実践するために有効なのが、「フレームワーク」です。ビジネス会話に慣れるまでは、これらのフレームワークの中から自分が使いやすいものを積極的に用いることで、無理なくトークを展開できるようになります。ここでは、とくに代表的なビジネス会話に使えるフレームワークをいくつか紹介しておきましょう。ぜひ、自分で使いやすいと思うものを選んで使ってみてください。

PREP法

PREP法は、「結論（Point）」「理由（Reason）」「具体例（Example）」「結論（Point）」の頭文字をとった情報伝達方法です。最初と最後に「結論」を提示することによって、相手に話の趣旨を伝わりやすくする効果的な方法のひとつとなります。

（例）

【結論（Point）】

　明日、予定していた〇〇様とのアポイントを、〇月〇日に変更していただきたいです。

【理由（Reason）】

　その理由は、〇〇様にお見せする予定だったサンプル商品が用意できないからです。

【具体例（Example）】

　サンプル商品は台風で配送が遅延しており、〇月×日には到着する見込みです。

【結論（Point）】

　そのため、〇〇様とのアポイントを〇月〇日に変更していただくようお願いいたします。

SDS法

　「Summary（全体の概要）」「Details（詳細の説明）」「Summary（全体のまとめ）」という３つの項目を順番に提示するフレームワークです。これらの項目を網羅し、順番に話すことによって、明快なトークを展開することができます。

（例）
【Summary（全体の概要）】

　現状、我が社のＡ部門における売上が低迷している状況が続いています。

【Details（詳細の説明）】

具体的には、Ａ部門における○商品と△商品が年初から伸び悩んでいて、□商品もそれをカバーできていない状況です。その原因は……

【Summary（全体のまとめ）】

　以上のように、Ａ部門の売上が低迷しています。そうした状況を打開するべく、早急に対策を講じる必要があります。

５Ｗ３Ｈ

　５Ｗ３Ｈは、「When（いつ）」「Where（どこで）」「Who（誰が）」「Why（なぜ）」「What（何を）」「How（どのように）」「How many（どのくらい）」「How much（いくら）」の頭文字を取ったもので、各項目を意識的に組み込むことによって情報の精度を高めることができる手法です。

（例）

　昨日（いつ）、当社の第二工場で（どこで）二台の機械（どのくらい）の故障が発見された（何が）と工場長（誰が）から連絡がありました。なぜ故障したのかと言うと、先週行われたメンテナンスが不十分であったため、機械の不具合を捕捉できなかったためと思われるそうです（なぜ、どのように）。早期に発見できたので損失は数十万円規模で済むようです（いくら）。

DESK法

「Describe（描写する）」「Express（説明する）」「Suggest（提案する）」「Choose（選択する）」という四つの項目を盛り込むことで、こちらの主張を受け入れてもらいやすくなり、かつ相手から承諾を受けやすくなるフレームワークです。問題解決とそのための具体策を提案するシーンなどでよく使われます。

（例）

【Describe（描写する）】

取引先のＡ社の○○様から、□□商品についての問い合わせがありました。

【Express（説明する）】

○○様によると、使用中は問題ないそうですが、初期動作が安定せずに稼働が不安定になっているとのことです。

【Suggest（提案する）】

そこで、初期動作の確認事項としてトラブルマニュアルにある必要項目を、まずはメールでお伝えしようと思うのですがいかがでしょうか？

【Choose（選択する）】

もしそれで解決しない場合、あらためてお電話させていただくか、現地に訪問して状況を確認してから再度、

報告したいと思いますがいかがでしょうか？

AREAの法則

AREAの法則は、「Assertion（主張）」「Reasoning（理由）」「Evidence（証拠）」「Assertion（主張）」という4つの項目を盛り込むことで、適切な説明を行えるようにするためのフレームワークです。ポイントは、最初と最後にきちんと主張を入れることです。構成を意識すれば、わかりやすくかつ説得力のある説明ができるようになります。

（例）
【Assertion（主張）】

売上改善のためには、A部門の○○商品について再考し、必要に応じて廃番にするか、あるいは新製品に切り替えることを提案いたします。

【Reasoning（理由）】

その理由としましては、四半期決算の結果を踏まえ、A部門の下降が続いており、中でも○○商品の売上が明らかに伸び悩んでいると思われるためです。

【Evidence（証拠）】

具体的な数字としましても、他の製品が前年同月比100％以上の結果を出しているか、あるいは減少して

いるものも数％であるのに対し、A部門の○○商品は50％以上減少しているからです。

【Assertion（主張）】

　つきましては、A部門の○○商品がなぜ売れなくなったのかを検討し、その上で、今後の対応を決めたいと思いますがいかがでしょうか。

OPQ分析

　わかりやすく伝えるための"文章の型"として知られているOQP分析は、「O：Objective（望ましい状況）」「P：Problem〈問題（現状とObjectiveとのギャップ）〉」「Q：Question（読み手の疑問）」という三項目に加え、最後に「A：Answer〈答え（メッセージ）〉」をつけることで物事をロジカルに伝えられる手法です。文章だけでなく、会話の中でも用いることができます。（※参考：『入門考える技術・書く技術』）

（例）
【O：Objective（望ましい状況）】

　A部門におけるB商品について、私たちが設定した今月の売上目標は○万円です。

【P：Problem〈問題（現状とObjectiveとのギャップ）〉】

　それに対し、半月が経過した状況ですが、売上は目標

の半分に満たない状況です。

【Q：Question（読み手の疑問）】

その原因としては、「競合他社の攻勢」と「他商品への移行」が挙げられます。前者については価格面で見劣りしていること、また後者については認知度の低下がその原因だと考えられます。

【A：Answer〈答え（メッセージ）〉】

そこで、B商品について価格を見直すこと、及び認知度アップのための新規キャンペーンの実施を提案させていただきます。

SMARTの法則

SMARTの法則は、「Specific（具体的である）」「Measurable（計測できる）」「Achievable（達成可能である）」「Relevant（関連性がある）」「Time-bound（期限が明確である）」の頭文字を取ったもので、もともとは"目標設定"に用いられるフレームワークです。

もちろん、会話の中で用いることもできますので、これらの項目を押さえてわかりやすいトークを展開してみましょう。

（例）

【Specific（具体的）】

　私たちＡ社が目指しているのは、四半期決算でＢ社の売上を上回ることです。

【Measurable（計測できる）】

　そのためには、Ｃ部門、Ｄ部門、Ｅ部門のそれぞれに置いて、前年同月比120％の売上を達成すべきだと考えています。

【Achievable（達成可能な】

　各部門の目標設定は意欲的ですが、広告戦略の見直し及び営業人員の増員によって足元の数字は伸びており、十分に達成できる数字だと思われます。

【Relevant（関連性がある）】

　さらなるテコ入れとして、SNS運用に強みを持つメンバーを採用しております。かねてより、弊社の商品とSNSでの広告は親和性が高いとの結果が得られており、これによって売上のさらなる飛躍が見込まれております。

【Time-bound（期限が明確）】

　今後は、四半期という期限の中で確実に目標を達成できるよう、具体的な数字を見ながら必要に応じて調整していきたいと考えています。

■ ビジネス会話の注意点

　ビジネス会話において注意したい言葉としては、代表的なものに「曖昧な表現」が挙げられます。曖昧な言葉を使っていると、相手に伝えたいことを正確に伝えられず、さらには誤解が生じることにもなり兼ねません。やはりビジネスシーンでは、必要なことを端的に、そして確実にわかりやすく伝えるのが鉄則となります。そこで、具体的な数字やファクトに基づいた情報、さらには論理的な正しさも含めて言葉を選ぶようにしましょう。以下は、注意したい曖昧な表現の一例です。

注意したい言葉（曖昧な表現）

「のちほど」

　電話で使いがちな言葉ですが、相手との認識のずれがトラブルに繋がることがあります。「のちほど折り返し電話します」とだけ伝えても、10分後なのか明日なのか、わかりません。相手が急いでいる場合や初めて対応する相手には特に注意しましょう。

「結構です」

　肯定と否定、相反する二つの意味を持つ言葉です。身振り手振り・表情が伝わる対面やビデオ通話では、比較的、相手

に伝わりやすい言葉ですが、電話やメール・チャット等の文面では、肯定か否定か、どちらの意味なのか、特にわかりにくい言葉です。

「少々、少し、ちょっと、かなり、だいぶ etc.」

　頻度や量、時間などを表現するときに使われる言葉ですが、そのままでは具体的にイメージすることができません。「3つ」「一ヶ月」「2時間」など、具体的な数字を用いることで明確に表現するように心がけましょう。

「しばらく」

　ビジネスシーンでも「しばらくお待ち下さい」などと使われることが多いのですが、相手からすると「どのくらい待てばいいのか？」と疑問を生じさせることになります。「5分ほどお待ち下さい」「1時間後にお電話してもよろしいでしょうか？」など、適切な表現に言い換えるようにしましょう。

■ビジネスシーンでの表現例

　ビジネスシーンでは、通常の会話とは異なる"言葉遣い"が求められるシーンがあります。その際には、「自分」と「相手側」に分けて使用する言葉を変えなければなりません。ですので、通常の敬語の使い方だけで

なく、シーンごとに適切な言葉を使えるよう、あらかじめ覚えておくようにしましょう。以下はその一例です。

	自分	相手側
個人	私	○○様
社員	○○ （名字、敬称をつけない）	（御社の）○○様
会社	弊社	御社
文章	当社（弊社）	貴社
言う	申し上げる	仰る

■テキストコミュニケーション力が求められる時代

メールは今でもビジネス上では最も一般的な連絡方法です。

リモート勤務の環境整備なども相まってチャット機能を使ったコミュニケーションも増えているため、口頭のコミュニケーションだけでなく、テキストコミュニケーション力が今後のビジネスパーソンの重要なスキルです。

メールはすぐに相手に届く手軽さや記録を残しておけるメリットがありますが、感情が伝わりにくかったりセキュリティが完全ではなかったりするデメリットもあります。

メールの特性を理解し、テキストコミュニケーション力を磨きましょう。

「宛て先」

TO：送りたい又は返信して欲しい相手のメールアドレス
CC：メールを送ったことを共有したい相手のメールアドレス
BCC：BCCのBはブラインド（目に見えない）のB。一斉送信など、他の受信者にアドレスが見えないように連絡する場合に利用します。

> **ポイント！**
>
> CCとBCCは名前こそ似ているものの、まるで違うもの！CC・TOとBCCの取り違えによる個人情報の流出はあとを絶ちません。「一斉送信はBCCが基本！」

🔍 実例

　令和4年1月に、地方公共団体が実施する新型コロナワクチンの追加接種会場の運営を受託している株式会社が、接種予約者のうち57名に対し、申込内容の再確認を依頼する旨の電子メールを送信した際、送信相手のメールアドレスをBCC欄に入力すべきところ、誤ってTo欄に入力しました。メール受信者の関係者から地方公共団体あてに電話があり個人情報（メールアドレス）の流出が判明しました。

「件名」

1　用件は簡素で手短に。
2　締切があるときは、件名にも日時を
3　挨拶やアポイントメールは、件名に自分の会社名を入れる
4　目で見てわかりやすいよう【】（墨付きカッコ）などの記号を利用
5　返信は「Re:」をつける。

「本文」

★ 本文の構成

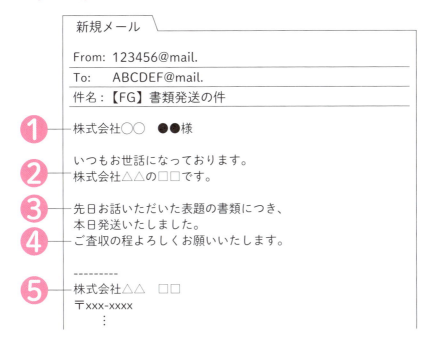

① 相手の名前

会社名は「(株)」と略さず「株式会社」と書きます。

齋藤と斉藤、渡邊と渡邉など、間違いやすい漢字がありますが、人名を間違えることは失礼にあたるので、気をつけましょう。

(例)
株式会社　ビジネス教育出版社　〇〇様

② 挨拶と自分の名前

「いつも大変お世話になっております、〇〇会社の〇〇です。」
「突然のご連絡失礼いたします、〇〇会社の〇〇です。」
「ご無沙汰しております、〇〇会社の〇〇です。」

③ 要件

わかりやすく丁寧に書くこと。

よく使えるフレーズ

★ お願い編

ご査収の程よろしくお願いいたします。

「査収」は「金銭や書類などをよく調べて受け取る」という意味です。

2時までにご返信いただけますと幸いです。

「幸いです」は柔らかめにお願いするときにオススメ。

★ お詫び編

> ご要望に沿えず、申し訳ございません。
> 度重なる失礼、大変申し訳ございませんでした。

★ お断り編

> せっかくのお誘いですが、残念ながら参加できそうにありません。
> 誠に残念ですが、今回は見送らせていただきたく存じます。

④　絵文字等は使わずに

（＾＿＾）や＿|￣|○などの絵文字、顔文字は使わないようにしましょう。ビジネスの場面で使用すると砕けた感じになりすぎて、真剣さが伝わりません。

⑤　結びの挨拶

⑥　署名

ビジネスメールの場合、文章の最後に署名を付けるのは必須です。会社名・部署名・氏名・住所・電話番号・FAX番号・メールアドレス・HPのURLを付けるのが一般的です。

5

来客応対・訪問の基本

▎応接室・会議室の席次マナー

　応接室や会議室では、訪問側・案内側の立場や役職などの立場により、着席位置が決まります。部屋には上座と下座があります。

> **上座→お客様・目上の人が座る席**
> **下座→目下の席**

🔍 上座はどんな席？

- ・出入り口から最も遠い席
- ・ゆったりとくつろげる席（長椅子など）
- ・外の景色が良く見える席（乗り物の場合は窓側）

　ただし相手の意向がある場合は、相手の希望に寄り添います。たとえば新幹線ではお手洗いに行きやすいよう通路側に座りたいなど、相手の希望があるかもしれません。「窓側の座席を用意するつもりですが、通路側の座席のご希望はございますか？」と座席を用意する前に確認しておくと、なおよいです。

会議室の席次

会議室で商談をする場合は自社のメンバーが入り口側に座ります。相手には奥に着座してもらいましょう。

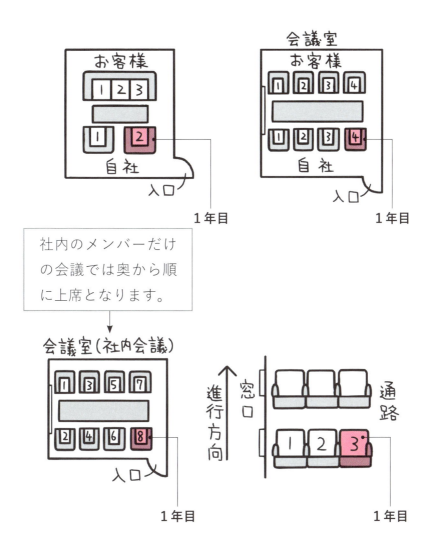

乗りものの席次

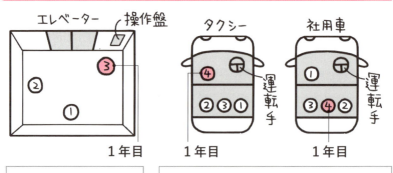

率先して操作しましょう。

一番姿勢のきついところが入社の一番若い人の席です。

応接室の席次

応接室でも基本的には入り口から一番遠い席に上司や役職のある人が着座します。

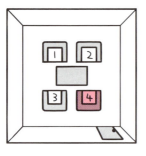
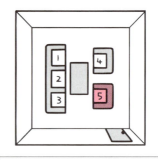
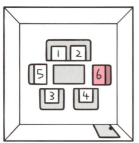

応接室には社外の人がやってくることが多いので社内の新人はアシスタントの様に働けるよう、入り口に近いところに座りましょう。

■階段・エスカレーターのマナー

階段

階段では前後ではなく、上下を意識します。

★ **上り階段**

相手が上を歩き、自分が下を歩きます。

ただし、**相手が女性の場合はスカートをのぞかれたと思われないよう前を歩いても構いません。**そのときは「前を失礼します」と一言添えます。

1 「○階でございます」と伝えます。

2 2段程、後を歩きます。

★ **下り階段**
　自分が下を歩き、相手が上を歩きます。

①　「○階でございます」と伝えます。

②　2段程、前を歩きます。

「どうぞお足元にお気をつけください」
「ご案内いたします」などの一言を添えるとスマートです。

エレベーター

★ 乗るとき
案内をする自分が先に乗り、相手は後に乗ります。

★ 降りるとき
相手を優先して、自分は後に降ります。

① エレベーターの待ち方

★ 扉の真正面はあける

降りる人の邪魔にならないよう、扉の真正面はあけて待ちます。

★ エレベーターが来たら降りる人を優先する。

降りる人がいたら降りる人を優先します。

② エレベーターの乗り方

エレベーターの中に誰もいなければ、案内をする自分が先に乗り、エレベーター内の操作盤の扉を開くボタンを押して、扉をあけたままにします。相手が扉に挟まらないよう、余裕を持って、ボタンを押します。

③ エレベーターの降り方

目的階についたら「開」のボタンを押しながら「お先にどうぞ」と相手へ伝えます。相手を先に降りさせて、自分は最後に降ります。

🔍 もしエレベーターの中に他の人がいたら

もしエレベーターの中に誰かいた場合は、自分がエレベーター外の操作盤の扉の開くボタンを押している間に、相手を先に乗せます。相手をエレベーターの扉に挟ませな

いよう配慮しましょう。自分は後から乗って、エレベーター内の操作盤を操作します。どうしても手が届かない場合は「○階を押していただけますか」と声をかけてお願いし、ボタンを押してくれた人へお礼を言いましょう。

▌訪問前の準備

訪問前には相手に連絡をしてアポイントをとります。

1　訪問目的
2　訪問日時と場所
3　所要時間

この3つは最低限、伝えます。

訪問先について調べる

① 訪問する方法

　訪問先の住所を調べ、交通手段とルートを把握し、地図を確認しておきます。
　大きなビルの場合は、フロアの場所も把握します。

② 経営方針・事業内容

　訪問先のホームページを見て、訪問先の会社の経営方針・事業内容を確認します。組織図や役員名にも目を通しておくとよいでしょう。

③ 最近のニュース

訪問先の最近のニュースや、訪問先の取り扱う業務に関連するニュースがあれば学んでおきます。

自分の会社について調べる

★ 経営方針・事業内容

初めて訪問するときには、自己紹介だけでなく自社紹介が求められます。あなたが相手の会社を知りたいように、相手もあなたの会社に興味があります。**あなたが話す内容が相手の会社のイメージになりますので、スマートに説明できるよう、自分の会社の経営方針・事業内容を簡潔に説明できるようにしておきます。**自分の会社の力を入れていることや強みなどを印象づけられるとよいでしょう。

★ 持ち物

必要な資料や物品があれば準備します。**人数分より少し多めに用意しておくと安心です。**個人情報を含めた資料や取引先の情報が入ったパソコンを持ち出すときには、持ち出すときのルールがある会社もあるので、そのルールに則ります。**社外秘の資料の取り扱いに十分気を付けましょう。**

1　訪問先までの地図
2　訪問に必要な資料・物品
3　筆記用具（メモをとるためのペンやもらった資料を保管するためのファイルなど）
4　名刺（名刺ケースも必要）

身だしなみを整えて訪問先へ出発します。

訪問先に着いたら

・建物に入る前に上着を脱ぎます。上着はホコリや汚れがついている可能性があるからです。
・雨や汗などが床に落ちないよう、傘のしずくは落とし、汗はハンカチでぬぐい取ります。
・携帯電話はマナーモードに設定します。

受付に着いたら

・約束の時間の５分前には受付へ行きます。ただし早めに着いたからといって、約束の時間より早く受付へ行くのは迷惑ですので控えましょう。
・受付では「会社名」「自分の名前」「担当者の所属名」「担当者名」「約束の時間」を伝えます。明るくはきはきと話します。
・受付で記帳などを求められたときには、立場が下の者が書きます。

面談のマナー

面談の流れ

① 会議室で待つ

・カバンは机の上におかず、椅子の横や足元に置く。
・コートはカバンの上に置き、ハンガーやコート掛けがあっても勝手に使わない。
・必要な資料を用意する。
・名刺はすぐ出せるよう準備する。

② 相手が入室したら立ち上がる。

相手が入室したらすぐ立ち上がり、相手のほうへ身体を向け、名刺交換に備えます。座ったままはNGです。

③ 名刺交換する

名刺交換は机越しには行わず、相手に近づいて行います。名刺交換のマナーは117ページで詳しく説明します。

④ 面談開始

　名刺交換を行ったあとで、席に着きます。相手より早く席に着かないようにしましょう。**相手から「どうぞおかけください」と促されたら座ります。**

🔍 面談の時間配分は重要。少し早めに切り上げるくらいの気持ちで

　面談が早く終わる分には問題ありませんが、約束の時間よりも長引くことは相手へ迷惑をかける行為であり、嫌がられます。**予定の終了時間10分前になったら話が途中でも切り上げて、面談の要点や重要事項を確認し、次に話すべき内容について確認します。** 次の面談が必要な場合は、**日程調整まで進められればベスト**です。終了時間前でも相手が時計をちらちら見たり、資料を片付け始めたり、相手が時間を気にしている仕草を見せたら、話をすみやかに切り上げます。もし予定時間を過ぎてしまった場合は、謝罪します。

5 訪問先でお茶やコーヒー等の飲み物を出されたら

出していただいた飲み物はありがたくいただきましょう。自分が苦手な飲み物の場合もあるかもしれませんが、そこは出してくれた相手への配慮の気持ちで飲み干すのが理想です。ただし、どうしても飲めない場合は口を付けずに残しても大丈夫です。飲めないのに勧められてしまった場合は、「すみません。ありがたいのですが、昔から苦手な飲み物で……」と柔らかくお断りしても大丈夫です。

飲み始めるタイミングは、お勧めされたときの他に、相手が飲み始めたときが自然です。相手もこちらが飲み始めるのを待っている場合もあります。その場合は、「いただきます」と一言添えてから飲み始めましょう。

砂糖やミルクを入れる場合、スプーンを使うことになりますが、なるべく音を出さないように静かに混ぜましょう。混ぜ終わったならカップの後ろにそっと置きます。ソーサーのふちに立てかけるのはNGです。

6 お茶菓子を出されたら

飲み物の場合と同じで、出していただいたものはありがたくいただきましょう。食べ始めるタイミングはお勧めされたときや、話がひと段落したときなら違和感がありません。

苦手なものが出された場合は、袋に詰めてある食べ物であ

れば「ありがとうございます」とだけ言って手を付けないで
おきましょう。ケーキや大福等のような生菓子を出された場
合には、「すみません。甘いものは最近胃が受け付けなくて。
会社の同僚に持って帰ってもいいですか？」とたずねてみま
しょう。一見図々しいようですが、さりげなく苦手なことも
伝えられますし、思いのほか良い人間関係が築けます。

7 退室するとき

　退室するときのお辞儀をどこですればよいか迷われる方は
多いと思います。退室するときは、座っているところからで
あればお礼を伝えた後、立ち上がって一礼、ドアの前で一礼
し、そのまま静かに退室します。この時なるべく音をたてな
いように配慮しましょう。

　退室した後は直ぐに大声で話したりするのはNGです。少
なくともその建物を出るまでは話さないようにしましょう。

退室・退室後も気をぬかない

　面談直後に相手の対応に対する愚痴や、面談がうまくいかなかった反省を話したくなる気持ちはわかりますが、その場や帰り道で口にすることは控えます。面談の帰り道に、出張中の相手の会社の人がいるかもしません。どこかに相手の会社の関係者がいるかもしれない、見られているかもしれないという気持ちを持ち、無駄な私語は慎みます。
　面談に対する反省や相手の反応などは自分の会社に帰ってから、振り返ります。上司への報告の際に役立ちます。

■名刺交換のマナー

　名刺は自分の分身のようなもの。綺麗な名刺を用意しておきましょう。珍しい苗字や読み方が特徴的な苗字の場合は、フリガナをふっておくと親切です。名刺のテンプレートが会社で決まっているのであればそれに従います。

　複数人で名刺交換をする場合、順番は、まず自分の上司と相手の上司が交換し、その次に自分と相手の上司、相手の担当者と続きます。そのため役職順に並んでおくとスムーズです。

① 名刺を差し出す準備をする。

名刺ケースのフタの中に名刺をスムーズに出せるよう準備をしておく。

② 名刺を差し出す。

自分の名刺を相手が読める向きにして渡します。同時交換の場合は片手で、それ以外は両手で差し出します。

③ 会社名と所属・苗字を言う

「○○会社・○○部の○○でございます」とはっきり言います。

④ 名刺を受け取る

相手の名刺を両手で受け取ります。同時交換の場合は、片手で受け取ります。「頂戴します」と一言添えるとスマートです。受け取るときに相手の名前やロゴに指がかからないように、余白の部分を持って受け取ります。

⑤ 名前を確認する

「○○様ですね、よろしくお願いいたします。」と名前を確認します。

💬 名刺を忘れたら

「名刺を切らしており、申し訳ございません」と謝罪したうえで、名乗ります。

🔍 名刺がもらえなかったら

入室後、歓談がはじまってしまいタイミングを逃したときや、複数人で名刺交換を行っており自分だけ受け取りそこなってしまったときは「恐れ入りますが、お名刺を1枚頂いてもよろしいでしょうか」と相手へ声をかけます。相手を責めないように丁寧にお願いしましょう。

❻ 名前の確認

★ 名刺交換の基本

- 立って行う
- 下の立場の者から渡す

- 机越しに交換する
- 上の立場の者から渡す

もらった名刺は相手からの初めての贈り物です。名刺の上に資料を置くなど、乱雑な扱いは避けます。名刺入れを器にして、その上に飾る気持ちで置きます。名刺を複数いただい

たときには、役職が一番上の方の名刺を名刺入れの上に置き、それ以外は机の上に一列に並べて置きます。座席順に並べておくと、わかりやすいです。

・名刺入れの上に置き、机の上に出しておく

・受け取った名刺をカバンなどにしまう

会社に戻ったら

　出先から会社に戻ったときは、「ただいま帰りました」と帰社したことを上司や同僚に報告しましょう。外出ボード等に行き先を記入して外出したのであれば、戻ってきてすぐに消すようにします。席に着いたら、上司等へ報告するための準備です。お客様との会話の内容や、依頼されたこと、持ち帰って調べてくること等、会って話したお客様とのやり取りをまとめて報告します。

受け取った名刺の保管方法

　初めてお会いしたお客様とは名刺交換をするはずです。受け取った名刺は名刺ケースに入れたままにせずに、名刺ホルダーなどに整理収納するようにします。収納するときのポイントは、いただいた名刺の余白に、その人の特徴や会話した内容を記入することです。こうすることで記憶に強く残りますし、見返したときに思い出しやすくなります。

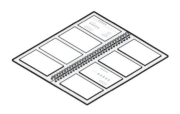

6

ビジネス電話力を
身につける

あなたの電話対応は、あなたの会社の第一印象

第6章 ── ビジネス電話力を身につける

　仕事中は、お客様や取引先から様々な内容の電話がかかってきます。電話対応は相手からの第一印象、会社のイメージに直結します。しかし電話では顔が見えないため、対応が悪いとすれ違いや勘違いが起きてしまうことが多々あります。緊張して声が小さくなってしまったり、どもってしまったりすると、対面よりも不信感を持たれてしまう可能性が高くなります。電話対応で好印象を与えるためには、明るく丁寧な対応をする必要があります。最初は慣れないかもしれませんが、不安な人はイメージトレーニングやロールプレイングをしてみましょう。そして、あなたの電話対応の内容は、周りにいる上司や先輩同僚も気にしています。慣れていなくても、積極的に電話をかけたり受けたりしていると、相手だけでなく、その対応を聞いている職場の人からも好印象を持たれます。

電話応対の特徴

- 相手の顔が見えない
  声と言葉だけでのコミュニケーション
- 一方通行になりがちな連絡手段
  相手の都合にかかわらず、相手の時間に割り込む

電話をかける手順

相手に話を聞いてもらう時間を作っていただいていることを忘れないように、わかりやすく簡潔に話をします。

① 伝えたい内容を整理して、メモとペンを用意します。

> ☞ **ポイント！**
>
> 慣れないうちは箇条書きのメモを作りましょう。伝え漏れを防ぐ効果があります。

② 受話器を持って、相手の電話番号を押す

> ☞ **ポイント！**
>
> 電話番号を間違えないようにかけます。お昼休み・業務開始直後、業務終了後間際や就業時間後は避けましょう。

③ 相手が出たら、自分の会社名・所属・名前を伝える。

> ☞ **ポイント！**
>
> 早口になりすぎないように話しましょう。

④ 担当者を呼び出す

> 👉 **ポイント！**
>
> 同姓の人がいる場合は、担当業務内容や性別を伝えましょう。

⑤ 担当者が出たら、もう一度自分の会社名・所属・名前を伝える。

⑥ 「今、お時間よろしいでしょうか」と相手の都合を聞く

> 👉 **ポイント！**
>
> 相手は別の何かをしている最中かもしれません。忙しそうな場合は、かけなおす時間を聞きましょう。

⑦ 要件を伝える。

> 👉 **ポイント！**
>
> 結論を先に伝えてから、内容を説明しましょう。また、「今回は3つお伝えしたいことがありまして」などと、これから説明する項目をあらかじめ伝えておけば相手にストレスを与えません。

8 「何かご質問はございませんか？」と伺う

👉 **ポイント！**

　要件を伝え終わったら、相手から質問などがないか聞きましょう。一方的にならないためにも有効です。

9 「それでは失礼します」と電話を切る旨を伝える

👉 **ポイント！**

　３秒待っても相手が話し出さなかったら、電話を切る。電話はガチャンと切らないよう、電話機のフックを指で押して切ります。

かけた側が先に電話を切ろう

🔍 **担当者が不在のとき**

「何時ごろお戻りですか？」と尋ねます。

　相談やお願いごとなどの場合は、こちらからかけ直すのが丁寧です。

「またこちらからかけ直します」

メールを送ったので内容を見てほしいなど、簡単な要件の場合は伝言をお願いします。

> 「伝言をお願いできますか」

重要度が高い内容の場合は折り返しの電話をお願いし、自分の会社の電話番号を伝えます。

自分が不在にする時間があるときは、あらかじめ伝えましょう。

> 「恐れ入りますが、お戻り次第、折り返しご連絡をいただけますか」

🎤 留守電になったときには

相手が不在で留守電に切り替わったときには、自分の会社名・所属・名前を伝え、また電話をかけ直す旨を告げます。初めて電話する相手の場合、電話番号のかけ間違いなどの可能性があるので、留守電に用件を残すことは控えます。相手の電話番号であることが確実かつ簡易な要件であるときは、留守電に用件を残します。取引先の情報や個人情報を含む内容も留守電には残さないように気を付けましょう。

電話を受けるとき

はじめのころは電話を受けることに緊張してしまうかもしれません。しかししっかり準備をすることで礼儀正しい応対ができるようになります。

1 **メモとペンを用意**する

2 **3コール以内**に受話器を取る

3 **先に自分が名乗る**

4 相手が名乗ったら、**復唱し確認**する

☞ ポイント！

・相手の会社名・所属・名前をメモします。
・メモの内容を復唱して間違いがないか確認します。
・自分がどう話すか迷わないよう、名乗りまでのトークは必ず準備しておきましょう。社名だけでは不安を覚える方が多数います。自分の名前まで名乗ると好印象です。

> ### 🔍 こんなときはどうする!?
>
> ●相手が名乗らないとき
> 「恐れ入りますが、お名前を教えていただけますか?」と聞きます。
> ●名前が聞き取れないとき
> 「恐れ入ります。お電話が遠いようでして、もう一度お聞かせいただけないでしょうか」と聞きます。
> ●氏名の「名」まで知りたいとき
> 「恐れ入ります。フルネームで教えていただけないでしょうか?」と聞きます。「下の名前」はNGです。

5　あいさつする

6　相手の要件を聞く

7-① 自分宛ての場合

用件を聞く

7-② 自分以外宛ての場合

「少々お待ちください」といって電話を保留にする

8-① 担当者がいるとき

担当者に取り次いでいいか確認します。確認しOKであれば担当者に電話を回します。

> 👉 **ポイント！**
> 担当者が隣にいたとしても、取り次いでいいかどうか必ず本人に確認します。

🔍 会社内に同じ苗字の人が複数人いるとき

「〇〇は数人居るのですが、どちらの〇〇でしょうか？」
特徴を述べて確認します。
〈男性・女性・眼鏡をかけた（かけていない）・髪の長い（短い）〉

8-② 担当者がいないとき

「申し訳ありません。不在にしております。」と伝え、相手の要望を聞きます。

担当者がいないとき

★ 会議中、トイレ、休憩中など会社の中にいるとき

「申し訳ございません。ただいま席を外しております。戻り次第、かけなおすよう伝えますがいかがでしょうか？」

★ 他の電話に出ているとき

「申し訳ございません。ただいま他の電話に出ておりますので、終わり次第、こちらからかけなおすよう伝えますがいかがでしょうか？」

★ 出張中（日帰り）、取引先へ訪問など会社の外にいるとき

・戻る時間がわかるとき

「申し訳ございません。ただいま外出しておりまして〇時頃戻る予定です。戻り次第、かけなおすよう伝えますがいかがでしょうか？」

・戻る時間がわからないとき

「申し訳ございません。ただいま外出しておりまして戻る時間がわかりかねますので、私でよろしければご用件を承りますがいかがでしょうか？」

★ **休暇中のとき**

「申し訳ございません。本日〇〇は出勤しておりません。〇月〇日より出勤予定となっておりますが、お急ぎのご用件でしょうか」

　長期休暇や体調不良などで担当者がいないとき、不在の理由まで電話の相手に伝える必要はありません。いない理由を聞かれたときには、「私にはわかりかねまして。よろしければお客様のご要件をお取り次ぎいたしますがいかがでしょう」と提案に切り替えましょう。それでも聞かれる場合は「あいにく休暇中でして」等と、当たり障りのない返事をするのが無難です。また担当者が相手とどのような関係性であるかは非常に重要です。同じ会社の人や近しい人であれば、会議中であることを伝えても納得してくれますが、外部の人だと「今すぐ会議を中断して担当者に電話にでさせろ」と言われてしまうこともあります。その場合、会議が終了したらすぐに折り返しの電話をする旨を提案してみましょう。くわえて、同じ会社の人であっても、不在の理由を伝えないほうがいいシーンもあります。例えば会社内の電話だとしても「担当者は寝坊をしたので不在です」など

133

と言われたら、相手に対してだらしない印象を与えてしまいます。こうしたネガティブなことは伝えないほうが無難です。もし、伝えないほうがいい理由かどうかわからないときは「○○は不在ですが、私には詳しいことはわかりかねます。申し訳ございません」と言いましょう。

8-3 担当が誰かわからないとき

用件の概要を聞いて、担当者が誰か確認します。その後は 8-1 か 8-2 へ

すぐに担当者がだれかわからないときは確認後、折り返し電話する旨を伝えて、一度電話を切ります。

9 かけてきた相手が切ったのを確認してから受話器を置きます。

★ 電話の際、便利な言葉フレーズ

恐れ入りますが
申し訳ございませんが
失礼ですが
お手数をおかけしますが

クッション言葉を使ってスマートな
電話対応を。

「なるほど」…上から目線だと思われてしまうので控えましょう。
「了解しました」…「了解」は親しい間柄で使う言葉です。
「○○はお休みをいただいております」…「お休み」という尊敬語を会社内の人間に対して使わないようにしましょう。

■クレーム対応

クレーム対応の基本

クレームを言うお客様は不満を持っており、感情的になりやすくなっています。そんな方と対応する場合は、普段よりもいっそう丁寧な対応が求められます。クレーム対応というと身構

えてしまうのは当然ですが、そんなときこそ、ふっと肩の力を抜いて、落ち着いて冷静に対応しましょう。

クレーム対応のときの心構え

クレーム対応では、自分がしたミスや失敗でないのに、叱られてしまうことがあります。理不尽な要求や厳しい言い方をされることもあります。しかし、忘れてはいけないのは「あくまで今、叱られているのは仕事の一環」にすぎないということです。あなた自身が否定されているわけではありません。あくまで会社という組織としてクレームに対応しているのです。クレームを言う方に個人的に感情移入しすぎたり、過度に気持ちを汲んでしまったりする必要はありませんし、むしろそれをしてしまうと強いストレスを感じてしまいます。そもそもクレーム対応は繊細な気遣いが求められるこ

とが多く、ストレスを感じる方が大半です。あまりに強すぎるストレスを受けてまでクレーム対応を一人だけでこなす必要もありません。一人で抱え込まずに、困ったときは周りに相談し、助けてもらいましょう。

クレームをゼロにすることはできません。クレームと聞くと悪いイメージが先行しますが、クレームを受ける経験によってあなたのビジネススキルがレベルアップするだけでなく、自社のサービス・商品がよりよくなるヒントが見つかります。まずは、不満を持つお客様の話に、耳を傾けます。このとき、お客様の話の内容に矛盾があったり、明らかな間違いがあったりしても、すぐに指摘せず、最後まで話を聞きましょう。

① メモとペンを用意する

② 相手のクレームを聞く。

相手の話を遮ったり、否定したりせず、相手が話し終わるまで聞き、内容をメモします。

③ 自分（会社）に非があれば謝罪する

自分の会社に悪いところがあれば、相手へ誠心誠意謝罪します。悪いかどうかわからない、または悪くない場合でも、相手の気分を害してしまったことに対しては謝罪しましょう。その上で、クレームの内容について事実の確認をする旨を伝えましょう。

④ 事実確認をする

すれ違いや思い込みにより話がこじれてしまうことがあるので、まずはお客様から話を聞き、実際にその対応をした者や現場を確認しましょう。事実を確認するためには、時間が必要になります。いつまで確認するのか、目安の期日を伝えましょう。

⑤ 解決策や代替案を考える

相手の納得する解決策や代替案を考えます。思いつかないときは一人で抱え込まずに、先輩や上司に相談します。

⑥ 上司へ報告する

　クレームを聞き終わり、事実確認が済んだら上司へ報告します。事実を述べ、解決策を提案し、指示を受けます。対応が既に指示されているクレームやマニュアル化されているケースのクレームは、報告は不要です。

⑦ 相手へ解決案・代替案を提示する

　お客様へ解決案・代替案を提示し、お詫びの気持ちを持って対応します。

⑧ 相手へ感謝の言葉を述べる

　最後は謝罪とお礼の言葉でしめます。

　ただし、相手の理解度が低いままや、納得感に欠けている段階でお礼をしてしまうと、相手の気持ちを逆なでしてしまいます。安易にお礼の言葉を多用することは避けなければなりません。

「このたびは大変申し訳ございませんでした。ご指摘をいただき、大変勉強になりました。ありがとうございました」
「不快な思いをさせて申し訳ございませんでした。貴重なご意見をいただきまして、本当にありがとうございま

した」

クレームNGワード
〈絶対〉
「絶対にそんなことありません」などと強く否定したり、「絶対になんとかします」と安請け合いしたりするのはNG。
〈普通〉
「普通はないんですけど……」などと憶測でものを言うのはNG

7

社会人としての
コンプライアンスと
IT リテラシー

■人生を台無しにしないために

　2023年1月頃にメディアでよく取り上げられていた回転すしチェーン店の醤油ペロペロ事件を覚えていますでしょうか。あの事件を起こした少年は名前と顔がネット上に流出してしまいました。おそらく今後の彼の人生において、10年あるいは20年以上の長期にわたって社会的信用を失ったツケを払わされることになるでしょう。それだけではなく、民事訴訟における損害賠償も覚悟しなければなりません。裁判がどのように展開するかは執筆時点ではわかりません。専門家によると請求額は数億円、そして実際は数百～一千万円程度の損害賠償額になるだろうと言われています。

　彼はなぜこのような悲惨な事態になってしまったのでしょうか。それはコンプライアンスの意識とＩＴリテラシーの意識の両方が大きく欠如していたからです。

　本書ではマナーや仕事の進め方の基礎などを紹介してきましたが、最も大切な知識は本章です。法律的なことなど難しい内容も含まれてしまいますが、なるべくわかりやすく解説しますので、ぜひ最後まで読んでいただければと思います。

コンプライアンスとは

社会貢献

企業倫理

社内規定・マニュアル

法　令

出典：内部統制入門Navi

　　コンプライアンスは法令等遵守と訳される言葉で、法律や社会のルールを守りましょうという意味です。「私は法律を犯すようなことはしないから大丈夫」という思った方も多いとは思いますが、現に多くのコンプライアンス違反が大小さまざまな企業で犯されて、謝罪会見や株価の暴落、最悪は当事者の自死にまで発展しています。

　　コンプライアンス違反を犯し、会社に大きな損害を与えてしまうと、「法令違反をするつもりはなかった」では済まされず、懲戒解雇や損害賠償請求を受けることもあり得ます。

　損害が会社にとって軽微であっても、減給（ボーナスカット）や部署変更、退職勧告などは考えられます。実際の減給などはなくとも社内の人の評価が下がり仕事を任せてもらえなくなったりと職場にいにくい雰囲気になってしまうことも考えられます。

新入社員の皆様が注意したい コンプライアンス違反 ⑧選

　企業のコンプライアンス違反には、粉飾決算や賃料の未払い、インサイダー取引など様々ありますが、新入社員の皆様が注意しなければいけないのは次の⑧つです。これらは悪意がなくても犯してしまう可能性のあるコンプライアンス違反です。それぞれ事項以降で、詳しく解説していきます。

① 　SNS での失言

② 　お客様や社員の個人情報（生年月日や口座番号等）を他人に見られてしまった

③ 　他社の情報を話してしまった（守秘義務違反　個人情報保護法違反）

④ 　友達の名前を使って契約を取れたことにしよう（私文書偽造）

⑤ 　レンタカー代もったいないし、社用車で旅行（業務上横領）

⑥ 　取引先やパートタイマー・アルバイトに自爆営業を強要する（下請法・刑法違反）

⑦ 　好きなキャラクターをチラシに使った（著作権法違反）

⑧ 　自転車でも酒気帯び運転になる（道路交通法違反）

・SNS での失言

　SNS での失言とは、X、Facebook、Instagram、YouTube などのソーシャルメディア上で、不適切な発言や行為によっ

て、大勢の人々から批判や非難を浴びることを指します。

特に注意したいのは、以下のような発言です。

・差別的な表現
・政治的な発言
・虚偽の情報・他人の名誉を傷つけてしまう内容の拡散
・著作権侵害
・企業の内部情報の漏洩

SNS上で失言をしてしまった場合は、すぐに削除したとしても、一度公開されたものは記録として残るため、その後も被害を及ぼすことがあります。また、SNS上には正義中毒者が多数存在しています。正義中毒とは、自分の考えに反する他人の言動に対して「許せない」「間違った人を罰しなければならない」と過剰な攻撃をすることを当然の正義であるかのように感じている状態のことで、脳科学者の中野信子氏が命名した概念です。要するに誰かの失言を執拗に探しまわり、見つけ出したらすぐに拡散するような人たちがいます。

そのため「フォロアー数が少ないから」と油断しているとあっという間に見つかって拡散されてしまいます。

SNSでの失言や炎上を防ぐためには、次のような対策が考えられます。

> 1　個人情報やプライバシーの保護に注意する
> 2　社会的な規範や法律に則った行動を心がける
> 3　ネガティブな発言や批判的なコメントは控える
> 4　SNS上での発言や行動に対する意識を高く持つ
> 5　不適切な発言や行動については速やかに削除するなど、迅速な対応を行う

　SNSは、誤解や不適切な発言によって、大きな炎上を引き起こす可能性があることを十分に認識し、適切なマナーやルールを守りながら利用することが大切です。

・お客様や社員の個人情報（生年月日や口座番号等）を他人に見られてしまった
・うっかり他社の情報を話してしまった

　守秘義務とは、職務上知った秘密を守らなければならない義務のことです。
　氏名や性別、生年月日、住所、口座番号などの情報は、個人のプライバシーに関わる大切な情報です。仕事を進めているとお客様や取引先、同僚の個人情報を取得することはよくあります。こうした情報は、他社に漏らしてはいけません。

　この守秘義務違反と個人情報の取り扱いは、意識していないと次のようなケースで気軽に漏らしてしまいがちです。

ケース1 取引先から聞かれたケース

飲食店店長A「最近ラーメンBの客入りがすごくいいけど、仕入れとか変えたのかな？」

あなた「ラーメンBは、グルタミン酸のみのうま味調味料から、イノシン酸の入った調味料に変更しています。併せてミョウガも新たに仕入れていただいています」

あなた「御社でもイノシン酸の入った調味料とミョウガの仕入れをご検討されますか？ 一度見本をお持ちします」

飲食店店長A「是非お願いします」

ケース2　実績として個人情報を漏らしてしまうケース

保護者A「うちの子は勉強が苦手で、塾に通わせても意味がないんじゃないかと思っているのですが……」

学習塾職員B「実はこの塾に通っていた井馬伊地高校のC君は、偏差値30から1年で50まで上げて、其処其処大学に受かったんですよ。同じ学校で同じ部活だから知っているのではないですか？」

保護者A「あのC君が、それならうちの子もお願いしようかしら」

ケース3　自社の情報を他社に漏らしてしまう

あなた「転職を考えた理由は、給料面で不満を持っているからです」

面接官「なるほど。弊社に入社していただければ年収アップはお約束します。ただ、あなたは弊社においてどのような貢献ができますか？」

あなた「現在、先端技術を研究する部署にいます。5年かけてようやく、ABウイルスに対して有効なタンパク質

を発見することができました。御社に入社すれば、前職の経験を生かしてABウイルスに対する特効薬開発で大きく活躍できるはずです」

ケース4　SNSで気軽にツイート

あなたの会社では顔も年齢も明かしていない超人気Vチューバーであるａちゃんを起用したテレビCMを作ることになり、あなたは打ち合わせで実際にＡちゃんに会うことに。

期待に胸を膨らませていったら、イメージと全然違う人が出てきた。

こうした事例はコンプライアンス違反であることを認識していないとついつい犯してしまいがちです。現実社会でも多くの事例があり民事訴訟などの問題に発展しています。

ポイントは、仕事をするうえで知り得た情報は、誰かに安易に伝えないことです。

・友達の名前を使って契約を取れたことにしよう

営業職の場合は、営業目標や営業ノルマが課されることがあります。毎月未達で終わってしまうと給与査定にも響き、社内でも居心地がよくありません。追い込まれた営業職がまれに犯してしまうのが、私文書偽造です。

つまり、知り合いの名前を使って契約が取れたことにしてしまうのです。

「支払いが発生する前に、キャンセルになったことにすれば、友人に迷惑はかからない」「初回の支払いは自腹を切って、あとから解約の申し出があったことにすれば、だれにもばれないだろう」

などと考えてしまうようですが、犯罪行為なので絶対にやめましょう。

ポイントは例え金銭の動きがなくとも嘘の書類を作ってはいけないということです。

・レンタカー代もったいないし、社用車で旅行

業務上横領も気を付けないと犯してしまうコンプライアンス違反の一つです。

業務上横領とは、企業や団体などの業務において、自らの利益のために他人の財産を横取りする行為の

ことを指します。具体的には、会社の資金や商品を私的な目的で使用する、お金を横領する、横領するための不正な手続きを行う、などが挙げられます。

例えば会社では使い放題のボールペンやトイレットペーパー、乾電池などを持って帰ってきては、フリマサイトで転売してしまうなども業務上横領に当たります。

そして悪意なく犯してしまいがちなのは、社用車の横領です。レンタカー代がもったいないから、ちょうど自宅に社用車で帰ってきたばかりだし社用車を使えば、友達も自分もハッピーだと思い使ってしまう人がいます。

もちろんこの行為も業務上横領に当たります。また、もし休日に社用車で事故などを起こしてしまうと、社用車の事故は運転手だけでなく会社の責任になりますので、被害者が会社に対して損害賠償請求などをするケースも考えられます。

・取引先やパートタイマー・アルバイトに自爆営業を強要する

チェーン展開をしている小売店や飲食店では、新入社員であってもパートタイマー・アルバイトを束ねるリーダー職や店長職に抜擢されることも少なくありません。こうしたお店でよく行われてしまうコンプライアンス違反は自爆営業の強要や立場の弱

い取引先への不当な扱いです。

例えば次のようなケースがあります。

・クリスマスケーキの販売ノルマ達成のため、パートタイマー・アルバイトにはそれぞれ最低1つ自社のケーキを予約するよう通達を出してしまった
・売れると思って、クリスマスケーキ用のイチゴを10箱注文したが予想以上に売れ行きが悪かったため、納品直前でキャンセルを行った

などです。ポイントは立場の弱い人間等に対して、自社商品を購入したり利用することを強要してはいけない。購入や発注に関して約束を破ってはいけないということです。

ケース5　自社にとってプラスの内容の記事が新聞に掲載されたからチラシに使った

著作権法違反も意図せず犯してしまいがちなコンプライアンス違反です。

著作権法上の著作物とは、文芸、音楽、演劇、美術、写真、映像、ソフトウェアなど、人間の創作的な表現物のことを指します。著作物は、著作者によって創作された独自の表現やアイデ

アが反映されており、創作性や独創性を持っていることが求められます。

具体的には、小説や詩、歌詞や楽曲、戯曲や脚本、絵画や写真、映像作品、プログラムコードなどが著作物に含まれます。また、著作物には、それらを保護するための著作権が存在します。著作権は、著作者に対して、その著作物を独占的に利用する権利を与えるものであり、他者が勝手に転載・複製・改変・公衆送信などを行うことは禁止されています。

よくある著作権法違反は次のようなケースです。

・好きなキャラクターをチラシに使った

アニメや漫画のキャラクターを著作権者から許可を取らずに、チラシや営業資料に使ってしまうのは、著作権法上NGな行為です。

・新聞や雑誌の記事をコピーして社内で回覧した

新聞や雑誌の記事も著作物に含まれます。つい公共的な文章だと思いがちですが、無断転用はやめましょう！

・違法ダウンロード（アップロード）

違法ダウンロードとは、著作権者の許諾を得ずに、インターネット上から音楽や映画、ゲーム、ソフトウェアなどの著作物をダウンロードすることを指します。もちろん同様に著作権者の許諾を得ずに、自分が持っている著作物をインターネット上に

アップロードすることも禁止です。

　悪意がなくとも、写真加工や動画編集などに便利な有料のソフトを海外の違法サイトから無料でダウンロードしてしまうケースなどが考えられます。業務で必要なソフトウェアは、上司や経理の方に相談して正規のルートで手に入れるようにしましょう。

・**自転車でも酒気帯び運転になる（道路交通法）**

飲酒した状態で車を運転することを酒気帯び運転といい、あなたの人生を狂わせてしまう可能性のある極めて重大なコンプライアンス違反です。特に飲酒した状態で死亡事故などを起こすと、危険運転致死傷罪が適用されて15年以下の懲役という非常に重い刑罰に処されるケースもあります。

　ただ飲酒したら自動車を運転してはいけないことは、皆様ご存じかと思いますが、実は自転車も道路交通法上では、軽車両という自動車に準じた扱いになっています。もし自転車で帰るつもりならお酒はしっかりと断る必要があります。

社会人に求められるITリテラシー

現代社会においてIT技術とビジネスは切っても切り離せなくなっています。一見関係のないように見えるスポーツや芸術といった分野であっても、どれだけ上手にIT技術を使いこなすかが重要となっています。

そんな中、ITリテラシーとはどのようなことを指すのでしょうか。世の中には様々な定義がありますが私は次の3つの能力がITリテラシーと考えています。

1 **基本的なPCスキル**：マウスやキーボードを正確に操作できること。ファイルの保存・圧縮・解凍や適切な保存先が検索できる。Microsoft officeのWordやExcelに抵抗がない程度に使いこなせること。

2 **情報セキュリティに関する知識**：ウイルスやフィッシング詐欺など、デジタルデバイスを利用する上でのセキュリティに関するリスクと対策を理解していること。

3 **不用意な発信をしない。ネットの情報を鵜呑みにしない**：自分が発信する情報やネット上の情報について、軽率に信じたり発信したりしないことが重要です。ネット上の情報には誤りや偏りがあることを理解し、場合によっては情報の裏を取ることができる能力があること。

本章では特にリスク管理という観点から、情報セキュリ

ティに関する知識に関して基本的で最低限必要なことを解説します。

★ 情報セキュリティとは

仕事でPCやスマートフォンといったデジタルデバイスを利用する上で、様々なセキュリティ上のリスクが存在しています。例えば、不正なアクセス

や攻撃によって、機密情報や顧客情報が漏洩したり、システムがダウンしたりすることがあります。そのような事態が起きると、企業の信用やビジネスが大きな影響を受けることになります。

そして非常に厄介なことに悪意のある第三者は脆弱性を狙って攻撃してきます。脆弱性はシステムだけではなく、セキュリティ知識のない社員も含まれます。そのため企業にとっては、社員一人ひとりが、セキュリティに対する正しい知識を持ち、適切な行動を取ることが、企業の安全を守るために必要不可欠です。

個人情報漏洩の8割は、うっかりミス！

　ロシアのInfoWatchというセキュリティ会社は、**内部情報流出の8割は、ヒューマンエラーである**という調査結果を発表しています。ヒューマンエラーというのはメールの誤送信やPCやスマートフォンといったデバイスの紛失などサイバーセキュリティとは関係のないものも多く含まれています。また、少し知識があればすぐに見破れるようなフィッシングメールに引っかかった結果ウイルスに感染したり、不正アクセスを許してしまうケースもあります。

　サイバーセキュリティ分野などと聞くと、映画でよくある天才ハッカーが複数のサーバーを経由して企業の機密情報が保存されているPCに遠隔で侵入するといったイメージがありますが、実際のところ**デバイスやパスワードを正しい方法で管理していれば80％以上防ぐことができます。**

　それでは実際に、新入社員のあなたがやるべきことを6つ紹介します。

今日からできる情報セキュリティ脅威と対策

　まずはPCやスマートフォンのデバイスに関してどのようなリスク・脅威があるのかを確認し、それぞれの対応について学びましょう。特に注意したいのは次の6つです。

❶　ウイルス（マルウェア）への感染

　ウイルス（マルウェア）への感染は注意が必要です。もし感染してしまうと、情報漏洩や情報の書き換えなどあなたのデバイスを足掛かりに多くの攻撃を受けることになります。

最も一般的な対策は、ウイルス対策ソフトをインストールすること。OSやアプリケーションを最新化すること。不用意にメールの添付ファイルを開かないこと。無料ソフトなどを安易にダウンロードしないことなどです。

❷　ID・パスワードの漏洩

　通常、会社のデバイスはユーザー認証がありますが、そのIDパスワードが漏洩してしまうと、あなたの名前で情報漏洩や不正利用をされてしまう恐れがあります。ただ、

特に注意したいのは複数人が利用できるような共有アカウントやゲストアカウントのIDとパスワードです。厄介なことに誰がそういった不正利用をしたのかをトラッキングすることが難しいため対策も遅れてしまいがちです。

対策としては見えるところに、IDとパスワードを記載したメモを置かないこと。予想できるようなIDパスワードにしないこと。パスワードは半年に１回程度の頻度で変更することなどです。

また注意したいのは、IDパスワードは目視で確認されて漏洩することがあります。カフェや外出先などでデバイスを使う際は特に注意してください。特にあなたの会社が重要な機密情報を扱う場合は、悪意を持ってあなたのＰＣをのぞき込む人も現れます。

③ デバイスの盗難・紛失

テレワークと出社が混在している企業においてはこのデバイスの盗難・紛失の事例が激増しています。電車の網棚に置いたまま電車を降りてしまったり、通勤途中にひったくりに遭いそのまま盗まれてしまうケースなどです。

対策としてはあなた自身が注意することはもちろん、仮に盗まれたりなくしたりしても簡単に情報を引き出せないようにユーザー認証のIDパスワードを予想しにくいものにしておくことやハードディスクを暗号化しておくなどが考えられ

ます。

④ デバイスの故障

電子機器はどんなに注意していても一定確率で故障してしまいます。故障したデバイスにしか重要なデータを保存していないと、あなただけでなく会社全体に迷惑がかかってしまいます。対策としては、**重要な情報はチームメンバーとデータを共有しておく、データのバックアップを定期的に取っておく、故障時のサポート体制を確認しておく**、などが挙げられます。

⑤ メールの誤送信

ミスは誰にでもありますし、注意していても起きてしまうものです。仕方なく起きてしまっても、お客様の個人情報などを漏洩させてしまうと仕方ないでは済まされない事態に発展します。

重要なメールは特に送る前にメールアドレスを確認し、添付したデータが本当にその人に送って良いかも確認しましょう。特に1年目2年目はまだまだ業務に慣れているとは言えませんので、不安があるときは先輩や上司に適宜確認しながら業務を進めると良いでしょう。

攻撃型メールは開かない

　メールは送るときだけでなく開くときにも注意が必要です。あなたを騙してウィルスに感染させたりIDパスワードを盗もうとする悪意のあるメールは、あなたの元にも遅かれ早かれ必ず届きます。その多くが注意してみれば違和感のあるメールですが、どこにどのような違和感を感じればいいのかは知識が必要です。危険な攻撃型メールの見破り方を紹介します。精巧につくられた標的型攻撃メールは次のチェックポイントをもってしても見破るのは難しいですが、95％以上は次のチェックポイントを意識していれば気づくことができます。

☞ **ポイント1**

送信元メールアドレスに違和感はないか？

送信元メールアドレスに違和感はないか？

攻撃型メールの送り先は実際の取引先企業や個人のアドレスとは異なったドメインを使用しているケースが多いです。

Amazon.com になりすまして、私宛てに実際に送られてきたアドレスのドメインと本物のアドレスのドメインを見比べてみましょう。

本物Amazonのドメイン auto-XXXXXX@amazon.co.jp
偽物Amazonのドメイン auto-XXXXXX@**YHy**.amazon.co.jp

YHy という意味のわからない文字列が含まれています。

また@前も意味のわからない文字列になっていたり、不自然に大文字と小文字が混じっているケースもあります。

ポイント2

文字化け？ 見慣れない漢字がないか

　攻撃型メールは海外から送られているケースも多く、その場合文面に見慣れない文字が含まれているケースがあります。
　例えば

正：弊社は、東京オリンピックで協賛を務めさせていただきました
違和感：弊社は、东京オリンピックで协赞を务めさせていただきました

このような文字があれば攻撃型メールを疑ってかかるべきでしょう。

> ポイント3

添付ファイルは開かない

　御社のミスかと思われる箇所がありました。添付ファイルにまとめましたのでご確認よろしくお願い致します。などといかにも気になるような文面で、添付ファイルを開かせるようなメールにも注意が必要です。当然添付ファイルには、ウイルスが仕込まれておりダウンロードしてしまうと感染してしまいます。

> ポイント4

WEBサイトへのリンクにも注意が必要

　攻撃型メールの中には、フィッシングメールという種類のものも存在します。別のWEBサイトに通じるリンクが貼られておりそこに飛ぶと、IDとパスワードを入力するよう促されます。

⑦ 危険な詐欺サイトを開かない

　あなたの情報を盗難したりウイルスに感染させることを目的とした悪意のあるWEBサイトは数えられないほど多数存在しています。ここでは特に注意したい3類型を紹介します。

1　フィッシングサイト

　6フィッシングメールでも紹介したあなたのIDやパスワードを盗もうとするサイトです。フィッシングサイトの対策としては、URLが正式であるかを確認することやメールなどのリンクを使わずWEBブラウザ経由で企業サイトにアクセスするようにすることです。

2　ランサムウェア

　ランサムウェアとは、あなたのデバイスを使えないようにしたり、保存していたファイルを暗号化して、元通りにしてほしければ、お金を払えと脅してくる、身代金要求型のウイルスです。もちろん、お金を払っても元通りになる保証はありません。もし感染してしまったら、初期化を行う方法が最もシンプルな対策です。（他の方法で取り除くことができればそれに越したことはありませんが）

3　水飲み場攻撃

　実際のサイトにウイルスが仕込まれてしまう攻撃が水飲み場攻撃といいます。ユーザーとしてはいつも利用している信

頼できるサイトを閲覧しているだけで、ウイルスに感染してしまう可能性があるため、避けることが難しいです。

対策としてはアクセスしてもウイルスに感染しないようウイルス対策ソフトやOSのパッチなどを常に最新版にアップデートしておくことです。

⑧ 推測されにくいパスワードの設定

パスワードを設定する場合は、できるだけ他の人から推測されにくいものを設定しましょう。

名前をローマ字にしただけ、生年月日などはもってのほかです。英数字や記号、小文字や大文字と組み合わせ、設定するのが理想です。

情報を狙っているのは社外の人だけとは限りません。しっかりと対策をとっておくことが必要です。

E−ラーニング教材のご案内

　当社では、本書『最低限これだけ！　新社会人のマナーと常識』の内容に関するE−ラーニング教材をご提供しております（デジタルブック＋E−ラーニング60問）。

　研修などの復習として、ご活用いただけます。

　お申込みは、弊社へ直接お問い合わせください。

【お問い合わせ】　ビジネス教育出版社　企画営業部
　　　　　　　　　電　話　03−3221−5361
　　　　　　　　　メール　info@bks.co.jp

　また、その他にも、次の新社会人向けE-ラーニング教材をご提供しております。

・ウェブ・エクササイズ　社会人基礎力講座
・ウェブ・エクササイズ　FP技能士3級
・ウェブ・エクササイズ　FP技能士2級

● 著者紹介

戸小台　沙智（とこだい　さち）

短期大学卒業後、大手生命保険会社に営業職として入社、業績が認められ新入社員の育成業務に従事した。地方銀行に入行後は預り資産や年金口座獲得等の業務を通じ、窓口・渉外担当者らを対象に営業成績向上の専担者となる。現在は研修講師として独立。新入社員研修・マナー研修セールス力強化研修・階層級研修・FST研修・年金研修等、企業が抱える課題に対応したオリジナル研修には定評がありリピート率も高い。

● 保有資格

社会保険労務士・経営心理士・FP・証券外務員・内部管理責任者　等

**最低限これだけ！
新社会人のマナーと常識**

2025 年 2 月 8 日　初版第 1 刷発行

著　　者	**戸 小 台　沙 智**	
発 行 者	**延 對 寺　哲**	
発 行 所	㈱ビジネス教育出版社	

〒102-0074　東京都千代田区九段南 4 - 7 - 13
TEL 03（3221）5361（代表）／ FAX 03（3222）7878
E-mail▶info@bks.co.jp　　URL▶https：//www.bks.co.jp

印刷・製本	モリモト印刷株式会社
ブックカバーデザイン	飯田理湖
本文デザイン・DTP	坪内友季
本文イラスト	シライカズアキ
編集協力	永田早紀・山中勇樹

ISBN978 - 4 - 8283 - 1045 - 9

本書のコピー、スキャン、デジタル化等の無断複写は、著作権法上での例外を除き禁じられています。購入者以外の第三者による本書のいかなる電子複製も一切認められておりません。